1章

カラーフィルムで記録された
東急電鉄

8500系デハ8507先頭の各停桜木町行。1975年に登場した8500系は性能的には8000系と同じ界磁チョッパ制御だが地下鉄11号線（半蔵門線）乗入れ用装備が追加され、東横線でも運行された。
◎自由が丘〜田園調布　1989（平成元）年1月29日　撮影：荻原俊夫

東横線

廃止間近の渋谷地上駅に停車中の9000系。2013年3月15日限りで地上（高架）の渋谷駅は営業を休止。翌16日から渋谷地下駅が営業開始し、東横線と地下鉄（東京メトロ）副都心線の直通運転が開始された。3月15日限りで東横線での運転が終了する9000系には「FINAL RUN東横線9000系　1986－2013」のシールが貼られている。
◎渋谷　2013（平成25）年3月　撮影：山田 亮

東横線と副都心線との直通運転に先立ち、東京メトロ7000系が東横線で営業運転を開始し、地上（高架）の渋谷駅に乗入れた。7000系の各停元町・中華街行が停車中。東京メトロ7000系は1975年に有楽町線に投入された初期車も使用され、すでに車齢が40年近かった。◎渋谷　2013（平成25）年3月　撮影：山田 亮

渋谷ヒカリエから見た廃止直後の東急渋谷地上（高架）駅。1964年から約50年間使用された波形のホーム屋根が特徴だった。東京メトロ銀座線01系が東急百貨店3階部分にあった渋谷駅ホームに出入りしている。銀座線渋谷駅は2020年1月から東口駅前広場上に移設された。◎渋谷　2013（平成25）年4月　撮影：山田 亮

営団地下鉄3000系（最後部は3001）の北千住行。東横線、地下鉄日比谷線の直通運転は2013年3月から中止された。営団
3000系は1988年から03系への置き換えが始まり94年に完了した。
◎自由が丘〜都立大学　1988（昭和63）年11月　撮影：山田 亮

地下鉄日比谷線から直通する営団地下鉄3000系の日吉行。この都立大学〜自由が丘間は現在でも地上線で踏切も残ってい
る。◎都立大学〜自由が丘　1988（昭和63）年11月　撮影：山田 亮

東急5000系誕生30周年記念で東横線で運転された5000系３両編成の記念電車。記念のヘッドマーク付きで電車とバスの博物館、鉄道友の会東京支部の共催だった。◎都立大学　1984（昭和59）年10月　撮影：山田 亮

東急7000系の地下鉄日比谷線、東横線直通電車。1988年８月から一部が菊名折返しになった。日比谷線直通の東急7000系は1988年から1000系への置き換えが始まり1990年に完了した。
◎都立大学〜自由が丘　1988（昭和63）年11月　撮影：山田 亮

6000系6006先頭の各停桜木町行。6000系は1960年に登場したセミステンレス、オールM方式の車両で7000系の試作車
的な意味もあった。当初は東横線で運行されたが1964年から田園都市線で運行。その後、一時的に東横線で運行された。
◎都立大学　1980（昭和55）年2月3日　撮影：荻原俊夫

クハ8000形8044先頭の東横線各停桜木町行。1969年に登場した8000系は東急初の20m車で当初は各停用だったが、
1981年からは8090、8500系とともに急行に使用された。
◎都立大学　1993（平成5）年10月9日　撮影：荻原俊夫

8000系 8 両編成の急行桜木町行。1983年10月から東横線急行は全列車が20車 8 両編成となった。8000系は1988年から前面に赤い帯が入った。◎都立大学～自由が丘　1988（昭和63）年11月　撮影：山田 亮

8090系クハ8084先頭の東横線急行桜木町行。軽量オールステンレス車8090系は1980年に登場し、1981年 4 月から8000系、8500系、8090系は 7 両編成で急行に投入され、1983年10月から急行は20m車 8 両編成となる。
◎自由が丘～田園調布　1986（昭和61）年 9 月13日　撮影：荻原俊夫

1986年に登場したVVVFインバーター制御の9000系。車端部に４人分のクロスシートがあり、ロングシートとは違う新た
な眺めだった。現在は５両編成化されて大井町線で運行されている。
◎都立大学〜自由が丘　1988（昭和63）年11月　撮影：山田 亮

8500系8両の東横線急行。8500系は新玉川線開通に備え1975年から田園都市線に投入され、一部の編成が東横線で運行された。◎都立大学〜自由が丘　1988（昭和63）年11月　撮影：山田 亮

1980年に登場し東横線急行の主力なった8090系8両編成。画面後方から高架線になりその先に都立大学駅がある。
◎自由が丘〜都立大学
1988（昭和63）年11月
撮影：山田 亮

7000系8両編成の急行桜木町行。7000系は1964年4月から東横線急行に使用され、それまでの「青ガエル」5000系に代わり東急の「顔」になった。1970年4月改正から朝ラッシュ時の急行が8両化され、1974年4月改正から急行は全列車が7000、7200系の8両になった。1981年4月から急行の一部が20m車（8000、8500、8090系）7両となり、1982年4月から20m車も8両化され、1983年10月から急行はすべて20m車8両となった。
◎田園調布〜多摩川園　1980（昭和55）年2月3日　撮影：荻原俊夫

多摩川〜武蔵小杉間複々線化直前の新丸子駅。中央2線の目黒からの直通線が完成している。右側の東横線を営団地下鉄03系（先頭と2両目は5ドア車）が走る。
◎新丸子
2000（平成12）年7月
撮影：山田 亮

1986年4月ダイヤ改正時から東横線の7000系は地下鉄日比谷線直通列車だけの運用になった。さらに、1988年8月から日吉駅改良工事に伴い、日吉駅の待避線、引上げ線が使用できなくなり、日比谷線直通列車の折り返し駅が日吉から菊名に変更された。◎多摩川園　1988（昭和63）年11月29日　撮影：荻原俊夫

高架複々線化工事に着手された頃の元住吉駅を発車する8000系の下り桜木町行。元住吉駅は2006年9月に高架化され、武蔵小杉～日吉間が複々線化された。
◎元住吉
2000（平成12）年12月
撮影：山田 亮

元住吉駅の地下改札口。元住吉は1940年に橋上駅となり、日吉とともに戦前の橋上駅は珍しく先進的であった。1961年12月から駅舎が地下化された。
◎元住吉
2000（平成12）年12月
撮影：山田 亮

高架化前の元住吉の構内踏切。元住吉検車区の出入庫電車も通るために踏切の閉鎖時間が長かった。
◎元住吉
2000（平成12）年12月
撮影：山田 亮

日吉で折り返す田園都市線開通20周年記念列車のリゾート21。大人も子供も運転台付近を珍しそうに眺めている。日吉駅は地上駅時代で後方に昭和戦前にできた橋上駅舎が見える。
◎日吉
1986（昭和61）年6月
撮影：山田 亮

2004年1月31日、1日だけ運転された急行横浜行。30日の深夜（終電後）に東横線東白楽〜横浜間が地下線に切り替えられ、31日初電より横浜、反町は地下駅として営業開始。この日は全列車が横浜発着で、横浜高速鉄道横浜〜元町・中華街間は乗務員訓練のため試運転扱いだった。翌2月1日から横浜高速鉄道が開業して東横線と直通した。
◎妙蓮寺
2004（平成16）年1月31日
撮影：山田 亮

2004年1月31日は全列車が横浜発着で営業された。一社貸切広告電車TOQBOXとなった9000系の各停横浜行。現在でも東横線に深夜1本だけ各停横浜行があるが、昼間の横浜行はおそらく最初で最後であろう。
◎妙蓮寺
2004（平成16）年1月31日
撮影：山田 亮

東横線急行が全列車20m車化直前の7200系8両編成の急行。1983年10月から東横線急行はすべて20m車（8000、8090、8500系）8両になった。◎白楽〜妙蓮寺　1983（昭和58）年9月　撮影：山田 亮

高架線上の東白楽を発車する8000系7両の各停渋谷行。東白楽から菊名までは丘陵地帯を走りカーブが多くスピードはでない。東白楽から妙蓮寺までは昭和戦前から開発された住宅地で、東白楽近くの六角橋には歴史ある商店街があり、かつては横浜市電がここまで延びていた。◎東白楽　1985（昭和60）年12月　撮影：山田 亮

反町を通過して高島トンネルに入る8000系の各停桜木町行。写真左側には横浜市立青木小学校があり、トンネル入口付近に
地下線トンネル掘削基地が見える。このトンネルは現在は遊歩道になっている。
◎反町　2003（平成15）年4月　撮影：山田 亮

地下化される前の反町を通過する9000系の急行渋谷行。ここから高架線上を東白楽へ向かう。
◎反町　2003（平成15）年4月　撮影：山田 亮

高架駅時代の東急横浜駅。最後の光景を撮るファンの姿もある。8000系の特急渋谷行が到着。下りホームが1番線、上りホームが2番線になっている。
◎横浜
2004（平成16）年1月
撮影：山田 亮

高架線上の横浜駅に到着する8000系桜木町行。高速道路三ッ沢線が駅上を横断している。右奥に「隠れた撮影名所」だったJR線を横断し駅の東西を結ぶ人道橋が見える（横浜市が管理、現在は閉鎖）。
◎横浜
2004（平成16）年1月
撮影：山田 亮

東急横浜駅の改札口。これとは別に駅ビル2階から直接東横線上りホームに入る改札があった。横浜駅は1980年11月から東西自由通路が完成し、東急とJRの改札が分離された。
◎横浜
2004（平成16）年1月
撮影：山田 亮

桜木町～高島町間の高架線を行く東急8000系。写真右下には根岸線から分岐した高島貨物線の地下トンネル入り口が見える。写真上方には高島町のホームが見えるが、その左側の土が露出している部分は二代目横浜駅があった場所でその遺構が発掘されている。◎桜木町～高島町　2004（平成16）年1月　撮影：山田 亮

廃止直前の高島町ホーム。
左に根岸線と高速1号線横
羽線が平行している。
◎高島町
2004（平成16）年1月
撮影：山田 亮

1928年5月に高島として
開設。2代目横浜駅の場所
にあったことから同年8
月から本横浜と称したが、
1931年1月18日に高島町
と改称され2004年1月30
日限りで廃止。高架下に円
形の装飾があり昭和モダン
の雰囲気が残る。似た円形
装飾はJR鶴見線（旧・鶴見
臨港鉄道）国道駅にも見ら
れる。
◎高島町
2004（平成16）年1月
撮影：山田 亮

桜木町に到着する7200系
8両の急行桜木町行。先頭
クハ7500形7554。横浜～
桜木町間は国鉄と平行する
高架線だった。
◎桜木町
1983（昭和58）年9月
撮影：山田 亮

東急桜木町駅は1面2線の島式ホーム。8000系の特急渋谷行が停車中。発車案内表示は特急停車駅が横浜、菊名、武蔵小杉、自由が丘となっていて中目黒は通過している。2001年3月28日に運転開始した東横特急は2003年3月19日から特急および同日から運転開始した通勤特急が中目黒に停車した。
◎桜木町
2003（平成15）年3月
撮影：山田 亮

廃止直前の桜木町駅に9000系が停車中。横浜〜桜木町間の上り線は道路上に張り出して建設された。下の道路部分は「落書き」が多く「落書きの聖地」とする向きもあったが、公共物を傷つけ街の美観を損ねる行為が許されることではない。
◎桜木町
2004（平成16）年1月
撮影：山田 亮

桜木町駅のホーム風景であり、左に8000系、右に8090系が停車。廃止直前には横浜高速鉄道Y500系が横浜〜桜木町間を走ったこともある。
◎桜木町
2003（平成15）年3月
撮影：山田 亮

廃止直前の東急桜木町駅改札口。改札口は1ヶ所だけだった。改札左側に1月30日で営業を終了するとの「お知らせ」が掲示されている。◎桜木町　2004（平成16）年1月　撮影：山田 亮

廃止直前の東急桜木町駅。写真右側にJR桜木町駅が、後方右側にランドマークタワーが見える。
◎桜木町　2004（平成16）年1月　撮影：山田 亮

横浜桜木町のランドマークタワー展望台から見下ろした桜木町駅。東急8090系が停車中で高島貨物線から根岸線へのEF65 1000番台牽引のコンテナ貨物列車とすれ違う。
◎桜木町　2004（平成16）年1月
撮影：山田 亮

目蒲線

桜満開の大岡山を行く目蒲線7700系4両編成の目黒行。7000系は1987年から91年にかけてVVVFインバーター制御化、冷房化されMT半々の編成になり7700系になった。7700系は当初は大井町線で運行されたが後に目蒲線、池上線で運行された。この場所は目蒲線、大井町線の平行区間で後方に大井町線が目蒲線を乗り越す立体交差が見える。
◎奥沢～大岡山　1989（平成元）年4月2日　撮影：荻原俊夫

地上駅時代の大岡山に到着するクハ3850形3850先頭の旧形車3両の蒲田行。目蒲線は1989年に7200系、7700系に統一されると同時に4両編成化され、旧形車は引退した。写真手前は大井町線。
◎大岡山　1989（平成元）年2月19日　撮影：荻原俊夫

クハ3670形3672を先頭にした目蒲線旧形車の蒲田行。クハ3670形はデハ3600形、クハ3770形とともに1948～52年の戦災国電（当時は省線電車）の車体の払い下げをうけ復旧した車両。このクハ3672は1960年に車体が更新され1981年に弘南鉄道（青森）に譲渡された。◎多摩川園　1980（昭和55）年2月3日　撮影：荻原俊夫

置き換え直前のデハ3500形3512先頭の目蒲線蒲田行3両編成。デハ3500形は1939年製造のモハ1000形で1967～73年に車体が更新された。さらに1970年代後半から張り上げ屋根になり「坊主頭」になった。
◎多摩川園　1989（平成元）年3月　撮影：山田 亮

黄色と青の復刻塗装になったデハ3471－サハ3375－デハ3472の３両編成。引退を控えた1988年秋から復刻塗装になり目蒲線、池上線で運行された。◎多摩川園　1989（平成元）年３月　撮影：山田 亮

目蒲線を走る7700系の４両編成。目蒲線は1989年４月から7700系、7200系の４両編成となった。鵜の木はホームが短いため目黒方１両のドアを締切り扱いにした。画面右側に車掌がドア扱いを行うための車掌台が見える。
◎鵜の木　2000（平成12）年６月　撮影：山田 亮

グリーン塗装の目蒲線旧形車3両編成の蒲田行。先頭のデハ3473は1935年にモハ510形536として登場。大東急時代の1942年にデハ3450形3473と改番。登場時は両運転台だったが戦後の1500Vへの昇圧を機に片運転台となる。1964年から車体が更新されて窓の拡大、アルミサッシ化などが行われた。
◎多摩川園〜沼部
1989（平成元）年1月29日
撮影：荻原俊夫

蒲田を発車する7200系4両の目蒲線目黒行。目蒲線では1989年から旧形車にかわり7700系（旧7000系）および7200系で運行され、2000年8月からは東急多摩川線となって蒲田ー多摩川間の運行になり、7700系、7600系（旧7200系）および1000系で運行された。
◎蒲田
2000（平成12）年6月
撮影：山田 亮

デハ3450形3472先頭の復刻塗装3両編成の目蒲線目黒行。デハ3472は1935年製造のモハ510形535で、1964年に車体更新され1989年に廃車。最後は黄色と青の復刻旧塗装となった。
◎蒲田
1989（平成元）年2月5日
撮影：荻原俊夫

池上線

荷電デワ3040形3041。国鉄から譲受けた木造荷電モニ13形の車体を1964年に鋼製車体に載せ替え、元小田急のデハ1350形1366の車体を転用した。◎大岡山　1964（昭和39）年4月16日　撮影：荻原二郎

復刻塗装のクハ3850形3861。クハ3850形はデハ3800形とともに1952〜53年に登場した純然たる新車。このクハ3861は1974年に車体が更新された。最後は黄色と青の復刻塗装になり1989年に十和田観光電鉄（青森）に譲渡された。
◎石川台〜雪が谷大塚　1989（平成元）年2月5日　撮影：荻原俊夫

デハ3300形3301を最後部にした池上線の蒲田行。この先で左にカーブして目蒲線と合流し蒲田へ向かう。デハ3300形は旧モハ150形で木造車を鋼体化した車両。◎蓮沼　1963（昭和38）年7月18日　撮影：荻原二郎

蒲田駅に到着する池上線旧形車3両編成。最後部はデハ3650形3655。このデハ3655は大東急時代の1942年にクハ3650形3655として登場。戦後の1953年に電動車化された。1973年からの車体更新時に張り上げ屋根となり「坊主頭」のようなスタイルになり、前照灯も窓下に移った。デハ3650－サハ3360－デハ3650の3両固定で池上線で運行された。
◎蒲田　1989（平成元）年1月29日　撮影：荻原俊夫

田園都市線、こどもの国線

新玉川線用賀〜二子玉川園間で地下トンネルから地上へ出る試運転中のデハ8500形8521先頭の6両編成。トンネルを抜け旧玉川線の線路敷を利用して勾配を下り二子玉川園に達する。新玉川線は1977年4月7日に開通し渋谷〜二子玉川園間で折り返し運転となったが、朝ラッシュ時の上り、夕方ラッシュ時の下りの一部が鷺沼での出入庫を兼ねて鷺沼〜渋谷間運転となった。◎用賀〜二子玉川園　1977（昭和52）年2月11日　撮影：荻原俊夫

1986年6月18〜22日、伊豆急行2100形2次車（リゾート21）が田園都市線開通20周年記念号として東横線、田園都市線で運転された。二子玉川園を発車し多摩川を渡るリゾート21。二子玉川園〜溝の口間が複々線化される以前の光景である。◎二子玉川園　1986（昭和61）年6月　撮影：山田 亮

デハ8634先頭の8500系の半蔵門線直通三越前行。地下鉄半蔵門線は1989年1月に半蔵門から三越前まで延長され、翌1990年11月には水天宮前まで延長された。押上までの全線開業は2003年3月である。三越前発着は1989年1月から1990年11月までの1年10ヶ月間だけであった。この編成は正面に水玉模様、側面に赤帯が入った「TOQBOX」編成で一社貸切広告のイベントカーであった。◎二子玉川園　1989（平成元）年4月　撮影：山田 亮

新玉川線開通を控え、鷺沼検車区に並ぶ8500系（左がデハ8500形8525、右がデハ8500形8515）。右側奥に5000系が見える。鷺沼検車区は後に営団地下鉄に移管され帝都高速度交通営団（現・東京地下鉄）鷺沼車庫になった。◎鷺沼検車区　1977（昭和52）年1月22日　撮影：荻原俊夫

1978年に軽量ステンレス試作車としてデハ8400形8401、8402が登場し、8000形の中間車となった。後にデハ8200形8281、8282と改番され、さらにデハ8254、8255と改番された。
◎鷺沼検車区　1978（昭和53）年12月2日　撮影：荻原俊夫

当時、ATC装置を搭載していなかった東横線の8000系がATC区間の田園都市線を走行するために、デヤ7290形7290と最後部の特殊車デハ7200形7200に挟まれて回送される8000系8両編成。1967年製造のアルミ試作車デハ7200形7200ークハ7500形7500の2両編成を1991年に改造し、クハ7500は電動車化し電気検測車デヤ7290形7290となった。デハ7200はATC対応の特殊車（牽引車）に改造し、両運転台化、パンタグラフ2台とした。
◎あざみ野　1992（平成4）年11月3日　撮影：荻原俊夫

青葉台〜田奈間の短いトンネルを抜ける8500系10両編成の中央林間行。田園都市線は1984年4月9日に中央林間まで全線が開通した。◎田奈　1986（昭和61）年6月　撮影：山田 亮

田園都市線を走る伊豆急2100系の田園都市線開通20周年記念号。この先長津田で折り返した。クロスシートから眺める田園都市線の景色はロングシートとは違う味わいがあり新たな発見がある。
◎田奈　1986（昭和61）年6月　撮影：山田 亮

田園都市線を行く5200系4両編成のつきみ野行。5200系は1958年に登場したわが国初のステンレスカー（セミステンレス）で5000系と台車、電機部品は共通だった。側面窓下にコルゲーションが入り「湯たんぽ」の愛称があった。5200系は当初東横線で運行されたが、1964年に大井町線に移り、1966年の田園都市線開通後は7000系や旧型車とともに同線で運行された。◎田奈　1977（昭和52）年8月2日　撮影：荻原俊夫

アルミカー試作車クハ7500形7500を先頭にした7200系4両編成のつきみ野行。2両目は同じくアルミカー試作車デハ7200形7200。このクハ7500－デハ7200は後にこどもの国線専用車になり、1991年にそれぞれ電気検測車、特殊車（牽引車）となった。つきみ野までの開通は1976年10月である。◎田奈　1979（昭和54）年1月21日　撮影：荻原俊夫

こどもの国線は行楽シーズンの土曜、休日には大井町線車両で運転される。撮影時は大井町線8090系5両編成が運転。
8090系は1980年に登場した軽量ステンレス車で先頭車（クハ8000形）の正面非貫通が特徴。当初は東横線で運行されたが、
1988年から5両編成にして大井町線に転用された。◎長津田〜こどもの国　1990（平成2）年10月10日　撮影：荻原俊夫

こどもの国線を走るデハ3450形3499＋電気検測車デヤ3000形3001。
◎長津田〜こどもの国　1989（平成元）年8月16日　撮影：荻原俊夫

1936年製造のモハ510形564で大東急時代にデハ3450形3498となり、1971年に車体が更新されたが両運転台は変わらなかった。1981年に荷物電車に改造されデワ3040形3043となり、1982年に廃車され長津田車両工場で入換えに使用された。
◎長津田車両工場　1989（平成元）年３月11日　撮影：荻原俊夫

最後の全般検査を終えたデハ3450形3499。モハ510形565として1936年に登場。1968年に車体が更新されたがこの車両は最後まで両運転台で、1993年に東急車輌に譲渡されて牽引車として使用された。側面には従来のTKKの文字に代わり1973年に東急50周年を記念して制定された「東急マーク」が取り付けられている。2両目は電気検測車デヤ3001。
◎長津田車両工場　1989（平成元）年3月11日　撮影：荻原俊夫

左から黄色と青の旧塗装になった長津田車両工場入換車デワ3040形3043。中央は凸型電気機関車デキ3020形3021で、1972年から長津田車両工場で入換えに使用され1980年から機械扱い。右が元国鉄ED30形（初代）ED30 1。豊川鉄道（現・JR飯田線の一部）からの買収車で後にED25形ED25 11に改番。1963年に伊豆急に譲渡されこの番号のままで使用され、1995年から東急長津田車両工場で入換えに使用。機械扱いだがED30 1のプレートを付けている。
◎長津田車両工場
1997（平成9）年2月11日
撮影：荻原俊夫

黄色と青の旧塗装になった
長津田車両工場入換車デワ
3040形3043。デハ3450
形3498を1981年に荷物電
車に改造し、1982年に廃車
され長津田車両工場の入換
車になった。
◎長津田車両工場
1995（平成7）年11月23日
撮影：荻原俊夫

1929年に川崎車輌で製造
された凸型電気機関車で当
初はデキ1形1と称し1形
式1両で、1942年にデキ
3020形3021となった。東
横線内で砂利輸送や国鉄直
通貨車を牽引した。1972
年から長津田車両工場で入
換えに使用され、1980年か
ら車籍がなくなり機械扱い
になる。写真後方には京福
電気鉄道福井支社に譲渡さ
れるデハ3300形（京福モハ
281形）が見える。
◎長津田車両工場
1975（昭和50）年3月29日
撮影：荻原俊夫

電気検測車デヤ3000形
3001。デハ3550形3551
を1977年に電気検測車に
改造した。両運転台、パン
タグラフ2台になり、屋根
上に検測用ドームを設置し
た。元のデハ3550形3551
は1947年に登場した戦災
復旧車クハ3220形3221
で、1953年に車体を新製し
て電動車化された。写真右
奥に8500系デハ8531が見
える。
◎長津田検車区
1992（平成4）年12月23日
撮影：荻原俊夫

軌道線

東名高速道路建設前の広々とした国道246号を走る玉川線デハ40形41、42の２両編成。デハ40形は昭和初期の1927〜28年に登場し、1952〜53年に車体延長、３ドア化され1969年の玉川線廃止まで運行された。
◎三軒茶屋　1968（昭和43）年11月22日　撮影：荻原俊夫

1955年に玉川線に登場したデハ200形205。低床、軽量、連接構造の高性能路面電車で車体は張カク構造で、正面から見れば卵型で「ペコちゃん」の愛称がある。スペイン・タルゴ列車の日本版ともいわれ玉電（玉川線）を一躍有名にした。玉川線があった時代は渋谷から下高井戸まで直通運転された。
◎下高井戸〜玉電松原　1969（昭和44）年３月25日　撮影：荻原俊夫

専用軌道を行くデハ70形2両編成。先頭はデハ70形76。1969年5月の玉川線、砧線廃止後も三軒茶屋～下高井戸間は専用軌道のために残った。「渋谷－下高井戸」「連結2人乗り」の表示が前面にあり、先頭車では運転士が、2両目は車掌が運賃の収受を行った。◎玉電松原　1969（昭和44）年3月25日　撮影：荻原俊夫

三軒茶屋付近の専用軌道区間を走る「さようなら玉電、1907－1969」の装飾をつけた「花電車」。車両は1939年登場のデハ60形65。写真右側は国道246号。◎三軒茶屋～玉電中里　1969（昭和44）年5月8日　撮影：荻原俊夫

デハ70形78を先頭にした2両編成。デハ70形は戦時中の1942年（一部は1946年）に登場し、1978〜82年に車体が更新されデハ80形とほぼ同じスタイルになった。「連結2人乗り」の表示があり、先頭車では運転士が、2両目では車掌が運賃を収受した。世田谷線は2001年にデハ300形への置き換えを完了した。
◎下高井戸〜松原　1972（昭和47）年5月28日　撮影：荻原俊夫

世田谷線を行くデハ150形2両編成。先頭はデハ150形154。デハ150形は1964年に登場し、鋼製車体だが側面窓下にコルゲーションが入っている。路面電車だがパンタグラフを装備した近代的スタイルだった。1983〜84年に車体が更新されたが、スタイルは従来とあまり変わっていない。◎下高井戸〜松原　1977（昭和52）年4月24日　撮影：荻原俊夫

世田谷線を走るデハ80形82、81の2両編成。世田谷線は1999年にデハ300形が投入され2001年に置き換えが完了した。それに伴い旧形車は引退したが、デハ81、82は引退直前にグリーンとライトグリーンの玉電時代の塗装に塗り替えられた。正面に「さようならデハ80系」のお別れマークが取り付けられていた。
◎西太子堂　2001（平成13）年1月14日　撮影：荻原俊夫

デハ300形への置き換えを前に、お別れのマークを付けたデハ150形2両編成。先頭はデハ150形154で「さようならデハ150形1964－2001」のヘッドマークを付けている。デハ150形は1983～84年に車体が更新され側面のコルゲートがステンレス化されている。◎松原～山下　2001（平成13）年2月10日　撮影：荻原俊夫

東急電鉄からの譲渡車たち

東急から弘南鉄道へは1988〜89年に6000系が譲渡された。JR奥羽本線を高架橋で越える弘南6000系。義塾高校は1872年創立の東奥義塾高校で1987年に弘前市中心部から現在地へ移転した。
◎石川〜義塾高校前　1995（平成7）年11月　撮影：山田 亮

1989年に弘南線にも投入された元東急7000系。写真は運転台を取り付けたデハ7151（旧7142）―デハ7101（旧デハ7141）。右にラッセル車キ100形104とED333が見える。左は弘南黒石線（1984年11月1日付で国鉄黒石線から移管）のキハ2200形。黒石線は1998年3月末日限りで廃止された。◎黒石　1989（平成元）年11月　撮影：山田 亮

1989〜90年に弘南鉄道弘南線にも東急から7000系が譲渡された。写真はデハ7021―デハ7011の2両編成で「つがる」のヘッドマークを付けている。弘南線への7000系投入で旧東急の3600系を置き換えた。
◎平賀　1995（平成7）年11月　撮影：山田 亮

黒石を発車する元東急3600系の快速弘前行。先頭がモハ3608で最後部がクハ3674。1989年時点では弘南線は各停30分間隔で快速が3往復運転。
◎黒石　1989（平成元）年11月　撮影：山田 亮

福島交通では1991年に1500V昇圧に伴い元東急7000系を譲り受けた。すべて中間車のため運転台を取り付けた。切妻形の前面を持つ。
◎医王寺前〜花水坂　2005（平成17）年1月7日

旧東急5000系の長野電鉄モハ2501ークハ2551の2両編成。写真の桜沢付近は江戸時代から続く延徳田んぼが広がり、背後には志賀高原に連なる山々が見渡せる好撮影地である。モハ2500系の黄色と赤の塗装は長野名産「りんご」にちなんでいる。
◎都住～桜沢　1993（平成5）年12月　撮影：山田 亮

長野電鉄の長野～善光寺下間地下化（1981年3月）に備え、不燃車両として東急5000系が導入され長野電鉄2500系となった。3両編成と2両編成があり、写真はモハ2602ーサハ2652ーモハ2612の3両編成。
◎朝陽～附属中学前　1993（平成5）年12月
撮影：山田 亮

伊豆急下田駅でJR185系と並ぶ伊豆急行8000系。前面と側面にハワイアンブルーの濃淡のラインが入る。華やかな観光路線には東急の車両がよく似合う。
◎伊豆急下田　2008（平成20）年5月　撮影：山田 亮

2010年、秩父鉄道に譲渡された元東急8090系のデハ7500系3両編成。ほかにデハ7800系2両編成がある。
◎秩父～御花畑　2019（平成31）年4月29日

2004年から2008年にかけて伊豆急行に東急8000系が譲渡された。8000系は3両編成化され、2編成併結の6両で運行されるが3両で運転される時間帯もある。1編成に1ヶ所トイレがあり、海側は西武10000系発生品のクロスシートを設置した。
◎片瀬白田
2008（平成20）年5月
撮影：山田 亮

上田交通別所線（現在の上田電鉄）は1986年10月に600 Vから1500 Vに昇圧され車両は元東急5000、5200系に置き換えられた。終点別所温泉駅に停車するモハ5003（旧デハ5017）ークハ5053（旧デハ5015クハ化）の２両編成。
◎別所温泉　1988（昭和63）年12月　撮影：山田 亮

始発駅上田に停車中の上田交通モハ5201（旧東急デハ5201）後方はJR信越本線（現・しなの鉄道）上田駅で高架化される前である。
◎上田　1988（昭和63）年12月　撮影：山田 亮

1981年に東急5000系が岳南鉄道（静岡）に譲渡された。終点岳南江尾に到着した２両編成の列車。後方は東海道新幹線の高架線。
◎岳南江尾　1989（平成元）年１月　撮影：山田 亮

大井川鐵道では2014年、十和田観光電鉄（2012年廃止）から元東急7200形を譲り受け7300形とした。十和田観光電鉄への譲渡時に両運転台に改造され、大井川鐵道での運転開始は2015年である。
◎新金谷　2015（平成27）年12月21日

1990年に北陸鉄道は東急から7000系を譲り受け、石川線（野町～加賀一の宮）に投入された。モハ7001（元東急デハ7050）ークハ7011（元東急デハ7009）２両編成。架線電圧が600 Vのため再利用は車体だけで台車、電気品などは他社の発生品を利用し、同時に冷房化された。石川線鶴来～加賀一の宮間は2009年10月末日限りで廃止された。
◎加賀一の宮　1991（平成３）年11月　撮影：山田 亮

2013年に富山地方鉄道に譲渡された元東急デハ8590形。富山ではモハ17480形となり２両編成で運行。中央の２ドアは開閉しない。
◎電鉄富山　2021（令和３）年11月13日

2018年、養老鉄道（旧・近鉄養老線）に譲渡された元東急7700系。養老鉄道ではモ7700系となり2両編成と3両編成がある。
◎美濃津屋〜駒野　2019（令和元）年11月3日

2000年、豊橋鉄道が東急から譲り受けた元東急7200系。豊橋鉄道ではモ1800系となり3両編成で渥美線の運用に就く。◎大清水〜老津　2022（令和4）年8月27日

水間鉄道では1990年の1500Ｖ昇圧に際し、元東急7000系を譲り受けデハ1000とし2両編成で運行。写真は先頭車化改造されたデハ1000形。先頭車のまま譲り受けた車両もある。◎水間観音　2019（平成31）年3月17日

伊賀鉄道（旧・近鉄伊賀線）では2009年、元東急1000系を譲り受け200系とした。正面と側面に忍者を模したイラストが描かれている。モ200形とク100形の2両で運行。
◎猪田道　2013（平成25）年4月14日

2014年、一畑電車（旧・一畑電気鉄道）は元東急1000系を譲り受けデハ1000系とした。デハ1000形とクハ1100形の2両編成で運行。中間車のため運転台を取り付けた。
◎川跡　2018（平成30）年9月15日

熊本電気鉄道では1981年に元東急5000系2両編成を譲り受けモハ5000形とし、1985年に元東急5000系を両運転台化、ワンマン仕様に改造した上で譲り受けモハ5100形とした。写真のモハ5101Aはモハ5101（元・東急デハ5031）を2016年にATSを取付けモハ5101Aに改番された。青ガエル最後の可動車であったが、2016年に最終運行され現在では北熊本で保存。
◎上熊本〜韓々坂　2016（平成28）年1月25日

2章
モノクロフィルムで記録された
東急電鉄

新玉川線開通の飾り付けがされた渋谷駅東横線口。◎渋谷　1977（昭和52）年4月8日　撮影：荻原二郎

東急電鉄の歴史 （山田 亮）

創立100年を迎える東急電鉄

　東急電鉄は2022年9月に創立100年を迎えた。その始祖と位置付ける目黒蒲田電鉄の創立の1922（大正11）年9月2日から100年である。だが、東急最古の路線は1903年10月4日創立の玉川電気鉄道で、渋谷〜玉川（現・二子玉川）間開通は1907年8月11日である。西武鉄道は2012年5月7日、創立100周年を迎えたが、これは西武最古の路線である川越鉄道（現・国分寺線および新宿線の一部）の創立日（1892年8月5日）ではなく、始祖と位置付ける武蔵野鉄道の創立日（1912年5月7日）から起算している。近畿日本鉄道も創立日は大阪電気軌道（現・奈良線）創立の1910年9月16日であるが、近鉄最古の路線は南大阪線柏原〜古市間で河陽鉄道として1898年3月24日に開通している。

　長らく親しまれた東京急行電鉄㈱は2019年9月に東急㈱に商号変更され、交通事業、不動産事業、リゾート開発、流通事業、沿線サービス事業など各種事業を行う東急グループを統括する事業持株会社となった。鉄道事業は新たに設立された東急電鉄㈱が継承し、同年10月から営業を開始し「東京急行」の名は過去のものになった。本稿では会社名は原則として東急とする。文中の線名、駅名は原則として現在の名称を記すこととしたい。

目黒蒲田電鉄の開通

　現在の東急の始祖は1922年9月2日創立の目黒蒲田電鉄であるが、その始まりは1918年9月に創立された田園都市会社で実業家渋沢栄一（1840〜1931）を中心として創立され、渋沢が提唱した英国に範をとった「ガーデンシティー」構想に基づき東京南西部の丘陵地帯（当時の荏原郡）を開発し、郊外の田園の中に自然と調和した理想的な住宅地を建設しようとするものであった。鉄道のない農村地帯のため交通手段が必要で、目黒蒲田電鉄はその鉄道部門として設立された。新たに開発された住宅地と国鉄（当時は省線と呼ばれた）山手線を結び、都心への交通手段を確保しようとするものであった。第一期工事として目黒〜丸子（現・沼部）間が目黒線として建設され1923（大正12）年3月11日に開通した。ついで2期工事として丸子〜蒲田間が蒲田線として着工され、同年9月の関東大震災の影響で遅れたものの同年11月に開通し、目黒〜多摩川〜蒲田間は目蒲線と改称された。この運転形態が2000年まで続くが、目蒲線は後述の大井町線とともに計画的住宅地開発の一環として建設され、後年の多摩田園都市開発と田園都市線建設を先取りしていた。

　大正時代中期（1920年前後）には財閥系大企業、官庁などに勤務するいわゆる中産階級が階層として成立し、職住分離で郊外に住宅を求める傾向がでてきたが、1923年の関東大震災では東京西部（中央線沿線）や東京南西部（現在の東急、小田急、京王沿線）は被害が比較的少なく、そこに住宅を求める人が増え宅地化が進んだ。

　大井町線は目黒蒲田電鉄により目蒲線の支線として建設された。国鉄京浜線と大井町で接続し、1927年7月に大岡山まで開通し、目蒲線と自由ヶ丘（当時は九品仏）を経由して二子玉川まで1929年12月に開通した。

東京横浜電鉄の開通

　東京と横浜を結ぶ高速電気鉄道として武蔵電気鉄道の計画が明治末期からあった。渋谷付近から現在の東横線沿いのルートで平沼（現在の横浜駅付近）を高速電車で結ぶもので将来は鎌倉まで達する予定だった。路線免許を保有していた武蔵電気鉄道は1924年に目黒蒲田電鉄の系列下になり、同時に東京横浜電鉄と改称された。それを推進したのが元鉄道官僚で武蔵電気鉄道の取締役に就任していた五島慶太（1882〜1959）である。東京横浜電鉄は目黒蒲田電鉄の系列会社で実質的には同一会社といえるが、別会社としたのは沿線人口が少なく国の地方鉄道補助金を得るためであった。

　丸子多摩川（現・多摩川）〜神奈川（廃止）間は1925年4月に着工され、1926年2月14日、神奈川線として開業し目蒲線に乗入れ目黒〜神奈川間の直通運転が行われた。渋谷〜丸子多摩川間は渋谷線として1926年12月に着工され1927年8月28日に開業し、渋谷〜神奈川間が東横線となり都市間輸送に進出した。1932年3月、横浜市中心部の桜木町まで開通した。

玉川電気鉄道の開通

　東急最古の路線が玉川線であることは冒頭で述べたが、玉川電気鉄道は多摩川の砂利輸送を主目的に建設され、1907年8月に渋谷〜玉川間が開通した。大山街道（後の国道246号）上を走る路面電車だったが一部が専用軌道だった。トラック輸送がなかった時代はコンクリートの材料である砂利は鉄道によって運ばれた。

　玉川電気鉄道は開通時1067mm軌間だったが、1920年に東京市電と直通のため1372mm軌間に改軌

した。これは東京市内各所へ砂利輸送のため電動貨車で直通するためだった。沿線人口も次第に増え、これを機に全線を専用軌道にする計画があったが、沿線住民の反対で実現しなかった。1924年3月には砂利専用線を旅客線化して砧線玉川〜砧(後の砧本村)間が開通し、1925年5月には沿線開発を目的に三軒茶屋〜下高井戸間(後の世田谷線)が開通した。1927年7月には二子橋の道路上を通り、玉川〜溝ノ口が開通した。

池上電気鉄道の開通

　田園都市会社と目黒蒲田電鉄が沿線の住宅地開発を進めていたころ、資本系統のまったく異なる電鉄が開通した。それが、池上電気鉄道である。池上本門寺などの参詣客輸送を主目的に蒲田〜池上間が1922年10月に開通した。その後は小刻みに開通し蒲田−五反田間の開通は1928年3月である。池上〜雪ヶ谷間開通時(1923年5月)に当初の資本金を使い切ったが、1926年に川崎財閥の系列化に入って増資を行い、蒲田から五反田間開通でようやく業績は向上した。目黒蒲田電鉄とは駅勢圏が競合しライバル関係にあるため、大井町線との交差地点には駅は設置されなかった。

東の東急、西の阪急

　目黒蒲田電鉄と東京横浜電鉄は鉄道事業を中心に住宅地開発、バス、百貨店さらに砂利採取、沿線への電灯供給、遊園地、運動場など沿線住民を対象にした各種事業を行った。これは阪急(当時は阪神急行電鉄)の総帥である小林一三(1873〜1957)の手法を取り入れたものである。五島は小林と親交があり種々のアドバイスを受けていた。沿線を開発し集客施設を造って乗客を増やすという小林の理念「乗客は電車が創る」は五島の東急でも実践された。「東の東急、西の阪急」と言われるゆえんである。

　沿線への学校の誘致も特筆される。1924年大岡山への東京高等工業(→東京工業大学)の移転、1934年日吉への慶応義塾大学予科の移転がよく知られているが、青山師範(→東京学芸大学)、東京府立高等学校(→東京都立大学)、法政大学予科(元住吉)も誘致され沿線のイメージ向上に貢献した。

東京南西部の鉄道統合

　目蒲、東横両社の経営が安定してくると総帥である五島慶太は周辺の私鉄の統合、系列化に乗り出した。池上電気鉄道は1934年10月に目黒蒲田電鉄によって合併され池上線となり、玉川電気鉄道は1938

年4月に東京横浜電鉄によって合併され玉川線となった。その手法は株の買い占めなどで強引に「乗っ取る」手法で「強盗慶太」などと揶揄された。

　目蒲、東横両社は1939年10月1日付で合併し東京横浜電鉄となった。(正確には目蒲が存続会社で東横を合併し、新会社が東京横浜電鉄を名乗った)。五島による系列化は京浜電気鉄道、江ノ島電気鉄道、神中鉄道(現・相模鉄道)、相模鉄道(現・JR相模線)などに及んだ。小田原急行鉄道(後の小田急電鉄)も系列化されたがこれは経営状態の悪い小田急を五島が引き受ける形になった。さらに資金難で建設が難航していた東京高速鉄道(現・東京メトロ銀座線渋谷〜新橋間)も五島が経営権を握ったことで建設が進み1939年1月に開通したが、すでに開通していた東京地下鉄道(新橋〜浅草間)との直通運転は同年10月からになった。五島は東京地下鉄道の株式も買い占め経営権を握った。

大東急の成立

　1937年の日中戦争勃発により日本国内も準戦時体制になった。これを背景に1938年、陸上交通事業調整法が成立し、地域ブロックごとに交通事業の統合が政府によって進められることになった。この結果が東京南西部から神奈川県西部、南部に至る私鉄の統合である。1942(昭和17)年5月1日、東京横浜電鉄は系列化されていた京浜電気鉄道と小田急電鉄を合併して東京急行電鉄となり、1944年5月31日には渋る京王電気軌道を強引に説得して合併させ「大東急」となった。戦時中、敗戦直後の資材難、輸送難、食糧難の時代を巨大組織「大東急」で乗り切ったことは確かである。

東京急行電鉄として再出発

　戦後の改革で経済力集中排除法により財閥解体が行われた。その影響で「大東急」を解体し、元の姿に戻す動きが各方面から湧きおこった。1948年6月1日、東京急行電鉄は以前の東京横浜電鉄に範囲に戻り、京浜、小田急、京王も以前の姿に戻った。(元小田急の井の頭線は京王帝都電鉄に移管)再発足した形の東急は国鉄から戦災国電を譲り受けて復旧し、輸送力増強に努めた。1954年に登場した5000系電車は卵型張殻構造の軽量車体、直角カルダン駆動の高性能車で東急の名を一躍有名にした。東横線急行は1950〜51年に一時運転されたが、1955年4月から昼間時間帯に運転開始され、同年10月から終日運転になった。急行は5000系が主として使用され、それまで各停だけで東京鈍行と皮肉られてい

たが、急行は渋谷～横浜間を30分で結び東京急行の名にふさわしかった。

地下鉄日比谷線と直通運転

東急を始めとする私鉄各社は東京都心部への乗り入れを目指し路線免許を申請していたが「山手線の壁」に阻まれて実現しなかった。1957年、運輸省は都市交通審議会の答申をもとに「都市計画路線2号線（後の日比谷線）中目黒～北千住間は営団・東武・東急の3社直通運転を前提に建設する」と結論づけた。地上を走る東急、東武の車両がそのまま営団地下鉄（帝都高速度交通営団、現・東京地下鉄）に乗り入れることになり、諸外国でも例がないと言われた。1964東京五輪を目前にした同年8月、地下鉄日比谷線が全通して相互直通運転が開始され、乗入れ区間は東急側が日吉、東武側が北越谷（後に北春日部）までとなり、車両は営団が3000系、東急が7000系、東武が2000系となった。

田園都市線の開通

東急東横線と小田急線の間には空白地帯が広がっていた。溝の口と長津田、中央林間を結ぶ大山街道（国道246号）沿いのなだらかな丘陵地帯は城西南地区とも呼ばれ、都心から20～30kmの距離にありながら未開発地域が広がっていた。東急ではこの地域を計画的に開発することになり、1953年から用地買収が始まった。交通機関は当初は有料道路が想定されたが鉄道に変更し、溝の口まで延びていた大井町線を246号沿いに長津田、最終的には中央林間まで建設することになり、あわせて沿線の宅地開発を行うことになった。

1963年11月、溝の口～長津田間が着工され、同時に大井町線は田園都市線と改称された。1966年4月1日、溝の口～長津田間が開通したが、沿線は見渡す限り宅地造成中であった。長津田以遠も宅地開発の進捗にあわせて徐々に延長され、つきみ野（大和市）まで1976年10月に開通した。中央林間までは1984年4月9日に開通し、小田急江ノ島線と接続した。

玉川線廃止問題

渋谷と溝の口間を結んでいた玉川線（玉電）は戦時中の1943年7月、溝の口付近の軍需工場への工員輸送のため二子玉川（当時は二子読売園）～溝の口間を1067mmに改軌して大井町線が直通した。玉川線は戦後になっても路面電車で輸送力は限られていた。

昭和30年代にその玉川線を1435mm軌間に改軌、第三軌条集電にして高架化（一部地下化）し地下鉄銀座線と直通する計画が持ち上がったが地元との反対などで実現しなかった。

1966年に首都高速3号線の建設が具体化し、渋谷から新町付近（駒沢大学～桜新町間）まで国道246号の直上に高架で建設される計画で工事に支障する玉川線の存廃が問題になった。同じ頃に東急では玉川線を地下化して田園都市線と直通する案が浮上したが、渋谷からの地下鉄が銀座線だけでは乗客をさばき切れないため、新たな地下鉄が必要とされ各方面との折衝が始まった。

新玉川線の開通

1968年4月、都市交通審議会は二子玉川から渋谷、永田町、大手町を経て蠣殻町（水天宮前）への地下鉄11号線（半蔵門線）を答申し、二子玉川―渋谷間は東急、渋谷から都心部は帝都高速度交通営団（現・東京地下鉄）が建設することになった。これで新玉川線の建設と工事に支障する玉川線の廃止が決まり、玉川線（渋谷～二子玉川間）と砧線（二子玉川～砧本村間）は1969年5月10日限りで廃止された。

新玉川線は玉川線廃止後ただちに着工され、1977年4月7日、渋谷～二子玉川間が開通したが、一部列車を除き線内折返し運転だった。1978年8月には地下鉄半蔵門線渋谷～青山一丁目間が開通し直通運転が始まった。1979年8月、運転系統され田園都市線、新玉川線、半蔵門線の直通運転が始まり、大井町～二子玉川間はふたたび大井町線となり線内折返し運転になった。

目黒線と地下鉄南北線の直通運転

東横線自由が丘～渋谷間は朝夕ラッシュ時は輸送力が限界に達していたが、複々線化は困難であった。そこで目蒲線を改良し田園調布から目黒方面への流れを作り、東横線渋谷口の混雑を緩和することになった。さらに目蒲線は目黒で新たに建設される営団地下鉄7号線（南北線）、都営地下鉄三田線と直通運転することになった。　目蒲線は1923年の開通当時の面影が残り、17m車3両編成（1989年から18m車4両）で運転され、駅舎も開通時の姿のままで池上線とともに都会の中のローカル線だった。その線をホームを延長して20m車6両（将来は8両）停車可能にし、立体化、待避駅設置を行うもので目黒駅地下化、大岡山の大井町線との対面乗り換え化、田園調布～多摩川（当時は多摩川園）間の方向別複々線化もあわせて行われた。

2000年8月6日、目蒲線の運転系統が変更され、目黒～多摩川（同日をもって多摩川園から改称）間が目黒線となり、目黒～武蔵小杉間の運行になった。多摩川～蒲田間は東急多摩川線（西武多摩川線と区別するため東急を冠した）となって線内折返し運行

になった。同年9月26日、目黒線と営団地下鉄南北線、都営地下鉄三田線との直通運転が開始された。

多摩川－日吉間複々線化

目蒲線が目黒線となり地下鉄南北線と直通し、東横線に乗入れて日吉まで運行されることになった。それに先立ち日吉の半地下化工事は1988年に着工され1991年に完成している。1997年12月には多摩川鉄橋の架け替えおよび増設工事が完成、1999年5月には多摩川園〜武蔵小杉間の複々線化工事が完成し、2000年8月から目黒線列車は武蔵小杉まで運行された。武蔵小杉〜日吉間の高架複々線化は2006年9月に完成し2008年6月から、目黒線列車も日吉まで延長され、目黒〜日吉間は実質的に第2の東横線となった。

東横線特急運転

昇圧工事で中断していた東横線急行は1955年から運転再開された。1964年8月、日比谷線との直通運転開始時のダイヤ改正では急行は朝9分、デイタイム12分、夕方18分間隔運転で7000系が主として使用された。1971年5月、日比谷線直通列車8両化を機に急行はデイタイム毎時4本、15分間隔になった。朝9分、夕方18分間隔は変わらない。その後の変化は1974年4月の全列車8両化（7000、7200系）、1981年4月の20m車7両編成（8090系）投入、1983年10月の全列車20m車8両編成化（8000、8090、8500系）であるが、急行のデイタイム15分間隔は変わらず、停車駅も多く「隔駅停車」ともいわれファンや利用者からは「長期停滞」との声もあがった。1997年3月には渋谷〜菊名間がATC化されダイヤ上の最高速度が110km/hに引き上げられた。

2001年3月28日、東横線に特急が運転開始された。急行の本数を減らすことなくデイタイムおよび夕方夜間に運転され（土休日は朝時間帯も運転）、停車駅は自由が丘、武蔵小杉、菊名、横浜と最小限で渋谷〜横浜間最短27分（下り）だった。これは2001年12月に予定されるJR湘南新宿ライン（横浜〜渋谷間直通運転）に先手を打ったものである。2003年3月19日から通勤特急（日吉に停車）が登場し、特急、通勤特急ともに中目黒に停車した。

横浜高速鉄道との直通運転

横浜では桜木町付近の三菱重工造船所跡地が「みなとみらい21」（通称MM21）地区として再開発されることになった。当初は国鉄（当時）横浜線を東神奈川から横浜駅東口付近を経由して延長する「MM21新線」が構想されたが、国鉄時代末期でそれは困難だった。そこで東急東横線と新たに設立された第

三セクター横浜高速鉄道が直通運転することになり、東横線東白楽〜横浜間を地下化することになった。2004年1月30日深夜（1月31日未明）東白楽〜横浜間が地下線に切り替えられ、1月31日から反町、横浜は地下駅となり、同日を期して菊名〜横浜間もATC化された。翌2月1日から横浜高速鉄道が開業し東横線と直通運転が開始された。1月30日限りで東横線横浜〜桜木町間は廃止された。

地下鉄副都心線との直通運転

営団地下鉄副都心線は1972年、都市交通審議会答申された地下鉄13号線和光市〜向原〜池袋〜新宿間が基本でその後渋谷までとなった。初の副都心同士を南北に結ぶ地下鉄である。2004年4月1日、帝都高速度交通営団は民営化され東京メトロ（正式社名は東京地下鉄）となり、2008年6月14日、東京メトロ初の新線として副都心線池袋〜渋谷間が開通し、渋谷地下駅（東急管理）が開業した。2013年3月15日限りで地上の渋谷駅は廃止され、同日深夜に渋谷〜代官山間が地下線に切り替えられ、翌16日から副都心線と東横線の直通運転が開始された。

二子玉川－溝の口間複々線化

田園都市線は沿線開発が進み、南武線、横浜市営地下鉄、横浜線からの流入もあり朝ラッシュ時の混雑は全国でも屈指となった。そこで大井町線をバイパスルートとして整備し、二子玉川〜溝の口間が複々線化することになった。まず二子玉川駅での田園都市線と大井町線の入替え（田園都市線を内側から外側へ、大井町線を外側から内側へ）が1999年9月に行われ、2000年9月に二子玉川駅改良工事が完成した。2008年3月28日から大井町線急行が運転開始され、2009年7月11日には二子玉川－溝の口間が複々線化され大井町線列車が急行、各停ともに溝の口まで延長された。

東急新横浜線の開通

2000年に運輸政策審議会答申で神奈川東部方面線として大倉山〜新横浜〜二俣川間を2015年までに整備することが適当とされた。相鉄（相模鉄道）ではそれを踏まえ各方面と折衝し、相鉄は西谷〜羽沢（現・羽沢横浜国大）間に新線を建設し、JR東日本と直通運転すると発表され（2004年）、さらに東急が日吉〜新横浜間に、相鉄が羽沢〜新横浜間に新線を建設し東急と相鉄が新横浜経由で相互乗り入れすると発表された（2006年）。2019年11月からJRと相鉄の直通運転がはじまり、2023年3月18日、東急新横浜線（日吉〜新横浜間5.8㎞）が開業し、相鉄と直通運転される。

東横線

渋谷を発車する5000系急行。後方は東横百貨店（後の東急百貨店渋谷店）写真左側に山手線電車が停車している。
◎渋谷　1958（昭和33）年11月28日　撮影：荻原二郎

渋谷駅荷物ホームに停まる荷電代用のデハ3450形3499。◎渋谷　1961（昭和36）年5月20日　撮影：荻原二郎

高架線時代の渋谷に到着する7000系デハ7031先頭の急行渋谷行。7000系は1962年に登場したわが国初のオールステンレスカーで当初は各停に使用され、1964年4月ダイヤ改正時から急行に使用され、同年8月から日比谷線直通列車に使用された。写真左側では古い高架線が撤去作業中。◎代官山〜渋谷　1969（昭和44）年3月25日　撮影：荻原俊夫

1972年秋の東急渋谷駅。7000系急行と8000系各停が停車中。急行電車ご案内の掲示があり急行は昼間は15分間隔で発車した。渋谷駅改良工事は1964年4月に完成し1〜4番線まであり、急行は2番線から発車した。
◎渋谷　1972（昭和47）年9月　撮影：山田 亮

渋谷駅東横線改札口。渋谷駅改良工事は1961年に始まり、左側に仮ホームへの通路が見える。
◎渋谷
1961（昭和36）年12月13日
撮影：荻原二郎

渋谷駅の宮益坂側、東横百貨店東館１階にあった東横線渋谷駅入口。右側に山手線ホームと東横百貨店西館が見える。
◎渋谷
1961（昭和36）年12月13日
撮影：荻原二郎

1964年４月に渋谷駅改良工事が完成し、完成から間もない頃の渋谷駅ホーム。7000系が停車している。
◎渋谷
1964（昭和39）年７月11日
撮影：荻原二郎

中目黒駅の改札口入り口。中目黒は1964年に日比谷線乗入れのため２面４線に改築されるが、改築前の姿。
◎中目黒　1961（昭和36）年12月11日　撮影：荻原二郎

中目黒駅で並ぶ営団地下鉄3000系の試運転電車。中目黒は地下鉄日比谷線乗入れのため２面４線に改築された。1964年７月22日に中目黒〜恵比寿間が開通し、すでに開業していた区間とあわせ中目黒〜霞ケ関間で運転。中目黒〜北千住間全線開通は８月29日。◎中目黒　1964（昭和39）年７月11日　撮影：荻原二郎

運転開始後間もないデハ5000系3両編成。最後部はデハ5004で渋谷〜田園調布間の区間運転。写真後方（右側）の鉄橋は国鉄山手線との交差部分。◎代官山〜渋谷　1955（昭和30）年2月4日　撮影：荻原二郎

1954年10月に運転開始した5000系3両編成の渋谷行。側面の中央ドア付近に行先表示板（横サボ）があり「田園調布一渋谷」となっている。1970年に中目黒〜都立大学間が高架化され、祐天寺も高架駅になった。
◎祐天寺　1954（昭和29）年12月25日　撮影：荻原二郎

東横線学芸大学～都立大学
間の東側にあった東急碑文
谷工場で戦災国電から復旧
されたクハ3670形3674。
元国鉄（鉄道省）モハ30形
（→クモハ11形100番台）
の戦災車両をクハとして復
旧。碑文谷工場は後に車庫
になり、東横線高架化の際
は工事基地、資材置き場に
なった。現在この場所はゴ
ルフ練習場になっている。
◎碑文谷工場
1949（昭和24）年2月15日
撮影：荻原二郎

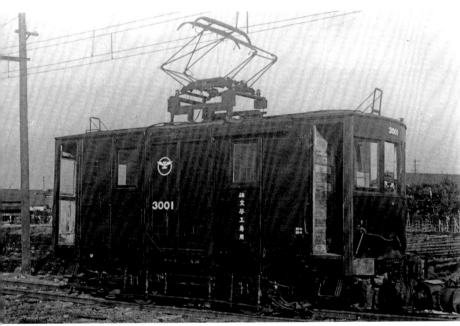

学芸大学－都立大学前間に
あった東急碑文谷工場（現在
はゴルフ練習場）の入換え用
だった電動貨車デワ3000形
3001。1924年製造の目黒
蒲田電鉄モワ1形1で1963
年に廃車。
◎碑文谷工場
1950（昭和25）年12月22日
撮影：荻原二郎

木造の建屋の中で車両の改
修更新工事が施されていた
碑文谷工場。写真の車両
は整備されたデハ3500形
3516先頭の2両編成であ
る。
◎碑文谷工場
1956（昭和31）年11月21日
撮影：荻原二郎

地上駅時代の学芸大学駅。上下線の間に駅舎があった。開設時は碑文谷で青山師範、第一師範を経て1952年に学芸大学と改称。◎学芸大学　1961（昭和36）年12月11日　撮影：荻原二郎

学芸大学駅の改札口は1964年に地下化された。地下改札への入り口。駅構内にDPE店があり写真の現像、プリントの取次ぎを行っていた。1970年に高架化された。◎学芸大学　1966（昭和41）年2月19日　撮影：荻原二郎

目黒通りとの交差部分をくぐり都立大学に到着するクハ3750形3755先頭の桜木町行。都立大学の前後は1961年9月に高架化され、目黒通りは地平になった。クハ3750形はデハ3700形とともに1948年登場の運輸省規格型車両。
◎学芸大学〜都立大学　1959 (昭和34) 年11月26日　撮影：荻原二郎

目黒通りの下をくぐる5000系4両の桜木町行。5000系は1957年から順次4両化され、その後5両、6両編成で運転された。
◎学芸大学〜都立大学　1960 (昭和35) 年2月4日　撮影：荻原二郎

デハ3600形3613先頭の渋谷行。日吉〜渋谷間の区間運転電車。デハ3600形は戦災国電の復旧車だが電動機出力が大きく速度の高い東横線で重用された。自由ヶ丘は1966年1月20日から自由が丘と変更された。
◎自由ヶ丘　1961（昭和36）年10月10日　撮影：荻原二郎

自由ヶ丘は1927年8月28日、東京横浜電鉄により九品仏前として開設。1929年10月、近くに開校した自由ヶ丘学園（1927年創立、現自由ヶ丘学園高校）にちなみ自由ヶ丘と改称。同年に目黒蒲田電鉄（後の大井町線）も自由ヶ丘まで開通。1959年11月、東横線ホームが2面4線となり急行待避駅になった。クハ3770形3775が最後部の日吉行が停車。
◎自由ヶ丘　1961（昭和36）年10月10日　撮影：荻原二郎

1954年10月に運転開始されたデハ5000形は当初はサハ5050形（後にサハ5350形となる）を挟んだ3両編成で運転された。自由ヶ丘から田園調布への緩やかな坂を下る。◎自由ヶ丘〜田園調布　1957（昭和32）年1月1日　撮影：荻原二郎

1959年11月にホーム改良工事が完成し2面4線化された自由ヶ丘に停車中のデハ5200系4両編成。5200系は1958年登場のセミステンレス車で、性能は5000系と同じ。当初は3両1編成が登場し、翌1959年に中間電動車デハ5210形5211が登場し、（←渋谷）デハ5201－デハ5211－サハ5251－デハ5202の4両で運行された。5200系は1964年から田園都市線に移った。◎自由ヶ丘　1960（昭和35）年2月4日　撮影：荻原二郎

渋谷・中目黒付近

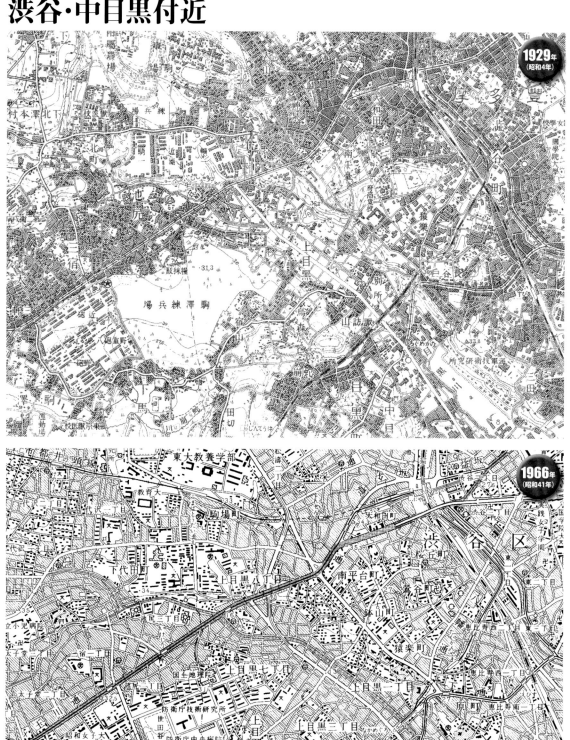

自由が丘付近

1929年
(昭和4年)

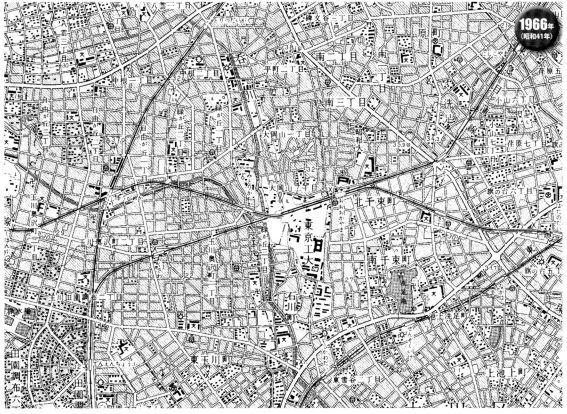

1966年
(昭和41年)

『目黒区史』に登場する東急電鉄 （市史より抜粋）

目黒地域における電鉄の発達

　現在目黒区の幹線をなす東横線が区の中央を縦貫しているほかに一隅を横切るものは、京王帝都電鉄井の頭線、玉電、大井町線、目蒲線の私鉄がほとんどで、国電山手線と都電がごく一部、申しわけのように入っている。明治期に開通した鉄道は、省線山手線と私鉄玉川電車の2本でしかなかった。

　山手線の最初の計画は大崎から目黒川流域に沿って鉄道路線を敷くはずであった。ところが、住民の反対にあって、今日からすればひじょうに惜しいことに現在の位置に変更になり、目黒区の北東の隅三田町を横切るだけに終わってしまった。

　これは、おそらくその後の目黒の発展にマイナスとなったとみてよいだろう。つぎに開通したのは私電の郊外電鉄の最初であった玉電である。明治40年3月渋谷の道玄坂上から三軒茶屋までが、まず開通し、4月に玉川まで、同年8月に渋谷まで全線が建設された。これは最初玉川砂利電鉄株式会社（明治35年2月8日特許状をうけ、同36年10月4日資本金40万円をもって創立）と呼ばれ、多摩川の砂利をとって土木建設用として運搬していた。

　当時は「砂利電車」といわれ人と砂利両方を運んでいた。玉電はたんに目黒地域の北部の一端を横切り大橋の1駅あるのみだが、その付近の人びととだけに利用されただけでなく、目黒北部のかなりの範囲に電気を供給していた。明治43年5月に供給許可をえたとあるから、電灯の使用は市の郊外ではかなり早い時期であった。つぎの年には動力用の電気の供給も営業したのである。昭和13年4月東横電鉄に吸収合併され、今日にいたったものである。玉電が他の郊外電鉄と異なり、砂利という建築材料の運搬を目的として創業されたことは、交通資本の一つの特徴をあらわすものであった。多摩川の河原から採りさえすればよいようにみえる石ころも、必要なところまで運ばねば価値はない。玉電はその価値を生みだしていたわけである。その意味でたんなるサービス業ではなくて、産業資本の性格をもっていたのである。

　目蒲線は目黒地域の東端の一部を通るだけであり、目黒地域には洗足駅がただ1つ存在するにすぎないけれども、目黒地域の発展にとっては、東横線につぐ重要な役割を果たした。大正7年9月に創立された田園都市株式会社は、現在の田園調布および洗足に広大な敷地を買いとり、田園都市の建設をした。ところが、最初のうちは借り手も少なかった。その田園都市と都心を結びつけるために計画され、建設されたのが目蒲線であった。資本金350万円を投じ大正11年9月2日目黒蒲田電気鉄道株式会社が創立された。この会社が今日の大をなした東急の母体となった。社長は五島慶太であった。

　工事は大正12年3月に目黒と丸子多摩川間が完成し、同年11月丸子多摩川と蒲田の間が完成した。そして電車の開通を目前にひかえていた折に突然関東大震災が起こった。せっかく完成した工事の一部も破壊したが、大勢に影響はなかった。旧市内に集中していた多量の人口は郊外に流出し、目蒲線はまるでそれを迎え入れるためにつくられたようなものだった。市内は地震で危険だというので、田園都市株式会社は一躍クローズ・アップされ、田園調布・洗足の住宅はどんどん建っていった。それだけではなく被災者用につくられたバラックに一時収容され、住んでみると案外場所もよいので、目黒地域に住みつくものが多かった。

　「東京市内外の罹災者が滔々大河を決するが如き勢いで一時に移住してきた。殊に田園都市の建設並に当時は住宅が極度に払底したので、政府の低利資金による住宅新築奨励政策によって今迄の山林や畑地は忽ちにして人家稠密して新興市街と姿をかえて目覚しい発展をしたのである。大正13年には罹災窮民を収容するための財団法人同潤会の急造バラックが、大字衾字芳窪に設置せられ、又一方大字碑文谷方面に生活疲弊者や失業窮民が相当移住してきたのは、余儀ない状態であった。」（『目黒町誌』）

　かくて目蒲線沿線の原町・月光町・大岡山および洗足などに多くの人が住むようになり、また目黒駅に近いところや渋谷寄りの方にもさらに人口が多くなった。目蒲線の乗客人員でその推移をみると、開通した翌年の大正13年から890万人というひじょうにたくさんの数にのぼり、しかも年々急激に膨張していったのである。目黒地域の電鉄で、戦前最も多くの利用者があったのはこの目蒲線であった。利用者の増加とともに目蒲電鉄株式会社は資本蓄積をどんどんおこない、つぎのように周辺の電鉄を吸収合併し、東京山手地区の南部電鉄の王者にのしあがったのである。すなわち昭和3年5月田園都市株式会社、昭和9年10月池上電鉄株式会社、昭和13年4月玉川電鉄株式会社、

昭和14年10月東横電鉄株式会社を合併した。大正3年、市電が目黒駅まで延長されたが、国電目黒駅が最初は貨車専用の停車場としてはじめられたことからも目黒地域には目立った影響はみられなかった。

東横線の開通

　昭和年代にできた電鉄は東横線と大井町線、井の頭線および市電中目黒線であった。それと区内に直接路線はないが、区に重要な影響をあたえたものは地下鉄の開通であった。東横線の開通は、目黒地域の発達に決定的な役割を演じた。明治43年6月設立された武蔵野電気鉄道株式会社が、東京と横浜をつなぐ計画をたて線路の土地買収にもすでに着手していた（当時の私鉄の免許はなかなか重々しいもので、明治天皇自らサインしたという）。ところが資金難と土地買収の困難によって、はかばかしい進展をみることができなかった。その後五島慶太がのりだして、権利を買いとり、目黒地域にはようやく昭和2年8月丸子多摩川から渋谷までの間が開通した。目黒地域のほぼ中央を縦貫し、目黒地域を通る電鉄ではもっとも走行距離の大きいものであった。そのほかの電鉄が、すべて目黒地域の一隅を通るだけであるのにくらべれば、東横線の目黒地域における役割がいかに大きいものであるか、これだけで十分に明らかである。開通した当時の目黒地域は、まだまだ郊外の農村で、車窓からは牧歌的な風景がみられたという。

　「東横線が渋谷を出て田園調布に向かう間には竹やぶを切開いた所が幾つかあったこともある。この辺は目黒から世田谷にかけてのもとの筍の産地であった」（『碑衾町誌』）

　沿線の目黒地域には、中目黒駅・祐天寺駅・碑文谷駅・柿ノ木坂駅および自由ヶ丘駅の5つの駅が開設され、それぞれの地区の新しい中心として開けていった。碑文谷駅は、昭和10年青山師範学校が近接する世田谷区に建てられたので、駅名もその学校をとって青山師範駅にかわり、学制の変化によって学校名が変わるにつれて、昭和18年に第一師範になり、現在の学芸大学駅になったのである。同じように柿ノ木坂駅も、府立高校が設置されるや、府立高校駅と改名し、都制施行によって都立高校駅、さらに戦後学芸大学と同様に現在の都立大学駅になったのである。東横線全線の開設状況を一括してみると、丸子多摩川−神奈川（大正15.2）、渋谷−丸子多摩川（昭和2.8）、神奈川−横浜（昭和3.5）、横浜−桜木町（昭和7.3）が建設されて、全線が開通したのである。東横線の開通以来数年間の乗客人員の推移をみると、最初は74万3千人で、目蒲線にくらべてやや少ないが、それでも年々増加していった。

　「省線渋谷駅を起点として目黒町・碑衾町・玉川村等を経て横浜に達している。碑文谷五本木方面を通り、三谷池の南方を経て、柿ノ木坂・谷畑方面から直線に町の中央部を斜めに走っている。この沿線には碑文谷・府立高等・自由ヶ丘の各駅があり、沿線の内最も発展しているのは碑文谷・自由ヶ丘の各駅付近であって、目黒蒲田電鉄沿線に劣らぬ発展ぶりである。最近両駅付近における建築は平均1日1戸半位の割合である。本線中府立高等付近は稍々発展に遅れているが昨今耕地整理工事中であるから、これが完了後は平地の商業地となり、高台は住宅地として更に一段の発展を見るであろう。」（『碑衾町誌』）

　東京地下鉄道株式会社によって昭和2年上野・浅草間にはじめて建設された地下鉄は、さらに6年には神田まで、9年には新橋までのびた。一方東京高速度鉄道株式会社が昭和13年青山6丁目と虎の門間に同じく地下鉄を建設し、翌12月には渋谷までのび、14年に虎ノ門から新橋までのばして東京地下鉄と連絡するにいたった。戦時体制下の昭和16年両社は帝都高速度交通営団に統一されて、渋谷・浅草間の直通運転を行った。この地下鉄の開通は、直接目黒地域まで路線は及んではいないが、東横線と連絡して、目黒地域から都心に、さらに短時間で行けるようになり、便利になった。これは目黒をより都心に近づけ、結びつける大きな役割をした。

　そのほかには大岡山・自由ヶ丘で、目蒲・東横両線と交叉する大井町線が建設され、目黒から大崎・大井町方面の工場地帯への通勤に便利になった。この線の開通は、大井町−大岡山間が昭和2年7月、自由ヶ丘−二子玉川間が同年11月、そして大岡山−自由ヶ丘間が同年12月に行われ完成した。

自由が丘に到着する8000系5両編成の各停桜木町行。東急初の20m両開き4ドア車8000系は1969年に登場した回生ブレーキ付き界磁チョッパ制御で当初は東横線で各停に使用された。画面後方は直線で都立大学方向に上り勾配になっている。
◎自由が丘　1970（昭和45）年5月17日　撮影：荻原俊夫

自由ヶ丘駅は1959年11月に東横線ホームが2面4線になり、駅舎も木造駅舎から高架下の駅舎となった。東横線随一の近代的駅舎だったが、完成から60年が経過し現在では「昭和の駅」のムードが漂う。今後は東横線都立大学～自由が丘間の高架化、大井町線地下化の計画がある。◎自由ヶ丘　1961（昭和36）年10月10日　撮影：荻原二郎

1923年3月11日、目黒蒲田電鉄目黒〜丸子（現・沼部）間開通時に調布として開設。1926年田園調布と改称。1927年8月東横線が乗入れ。矢部金太郎設計の洋風駅舎でエトワール（星）形環状道路の中心に位置し、田園調布のシンボル。1990年に地下化工事で解体されるが2000年に駅のシンボルとして復元（駅舎としては使用せず）された。
◎田園調布　1961（昭和36）年7月20日　撮影：荻原二郎

戦災復旧車クハ3770形3774先頭の田園調布行区間運転。クハ3774は元国鉄サハ36形を復旧した車両。画面右側の目蒲線に25‰勾配表示があり、田園調布から自由が丘方面に向けて上り勾配で環状8号線と平面交差していた。後に線路が切り下げられ環状8号線とは立体交差になった。◎田園調布　1960（昭和35）年1月13日　撮影：荻原二郎

デハ3800形3801を最後部にした桜木町行。側面にも「渋谷ー桜木町」の行先表示板（横サボ）がある。2両目はデハ3802。
デハ3800形は1953年に2両（3801、3802）が登場し、台車も新形となり上窓がHゴム支持の「バス窓」になった。当時の
国鉄キハ17形と同じである。◎多摩川園前　1959（昭和34）年5月12日　撮影：荻原二郎

1927年11月、南武鉄道（現・JR南武線）
は現在の武蔵小杉駅付近にグラウンド
前停留場を開設したが東横線には駅が
なかった。1939年12月、東横線新丸子
〜元住吉間に工業都市駅を開設。1944
年4月、南武鉄道国有化時にグラウンド
前停留場は駅に昇格し武蔵小杉と改称。
1945年6月に東横線と南武線との交差
付近に東急は武蔵小杉駅を設置し朝夕に
定期券客だけを取扱い、1947年1月から
一般旅客を取り扱う。1953年4月、武
蔵小杉に統合する形で工業都市駅を廃止
し、東横線ホームは南側に移動。武蔵小
杉は北口と南口があり、写真の南口は工
業都市駅に近い。
◎武蔵小杉
1961（昭和36）年6月16日
撮影：荻原二郎

1926年２月14日、東京横浜電鉄神奈川線丸子多摩川（現・多摩川）〜神奈川（廃止）間開通時に開設。1940年に橋上駅となるが、1961年12月に駅舎は地下化された。写真左の法政二高の横断幕は、1960年夏の高校野球選手権大会で柴田勲投手（→巨人）を擁する法政大学第二高校が全国優勝しそれを祝した横断幕。法政二高は翌1961年春の選抜大会でも優勝し、夏春連続優勝を果たした。◎元住吉　1960（昭和35）年８月24日　撮影：荻原二郎

1929年に川崎車輛で製造された凸型電気機関車で当初はデキ1形1と称した。1形式1両で1942年にデキ3020形3021となり、東横線内で砂利輸送や国鉄直通貨車を牽引。貨物列車廃止後は元住吉工場で入換え用となり、1972年からは長津田車両工場で入換え用となった。1980年から車籍がなくなり機械扱いになった。
◎元住吉検車区　1955（昭和30）年3月29日　撮影：荻原二郎

デワ3040形3041は、1949年に国鉄から事故廃車になった木造荷物電車モニ13形モニ13012の払い下げを受け、木造車体のまま使用されていた荷電の車体を1964年に更新し鋼体化した車両。鋼体化に際し、車体はデハ1350形1366（元小田急車）から流用した。写真右に急行表示板を付けた6000系が見える。
◎元住吉検車区
1980（昭和55）年12月21日
撮影：荻原俊夫

元住吉から勾配を登り「日吉の丘」へ向かう7000系8両編成の急行。東横線急行の全列車8両化（7000、7200系）は1974年4月からであるが、前年の1973年でも昼間時に一部が8両化されていた。7000系の側面（中央部ドア付近）に赤い急行表示板（通称横サボ）が取り付けられている。
◎元住吉～日吉
1973（昭和48）年4月
撮影：山田 亮

東横線で各停として運行されていたクハ3770形3781先頭のデハ3600形、クハ3670形、クハ3770形で編成された５両編成。
1948〜52年に当時の国鉄から戦災国電の車体の払い下げをうけ復旧した車両で、車体幅が広いため東横線、目蒲線に限定された。東横線の旧形車は1972年まで運行され、デハ3600形主体の３Ｍ２Ｔ編成とデハ3450形主体の４Ｍ１Ｔ編成があった。
◎日吉〜綱島　1970（昭和45）年１月　撮影：山田 亮

1926年2月14日開設。1936年に橋上駅となる。1933年開設の御茶ノ水駅とともに戦前における橋上駅で先進的だった。駅東口には慶応義塾大学・高校、少し離れて日本大学高校・中学校がある。駅西口は昭和戦前に東京横浜電鉄によって開発された住宅地が広がり、慶応義塾普通部（中学校）があり学生の駅でもある。1991年から半地下化された。
◎日吉
1961（昭和36）年6月16日
撮影：荻原二郎

1967年に登場した7200系は1Ｍ方式、前面がダイヤモンドカットのオールステンレスカーで当初は田園都市線に投入され1969年から東横線にも投入され、中間車デハ7300形、デハ7400形が登場した。画面後方で5000系とすれ違っている。
◎日吉～綱島　1970（昭和45）年1月　撮影：山田 亮

東横線を走る5000系6両編成の急行桜木町行。東横線急行は1964年4月改正時から7000系6両編成となったが、5000系が運用に入ることもあった。日吉～綱島間は2.2kmで東急で駅間距離が最も長い区間で90km／hの高速運転が楽しめた。後方の「日吉台学生ハイツ」は1969年にできた男子学生アパートで当時はその豪華さが話題になった。
◎日吉～綱島　1970（昭和45）年1月　撮影：山田 亮

日吉に到着するマッコウクジラの愛称がある営団地下鉄3000系。客扱い終了後、綱島方の引き上げ線で折り返していた。東横線、日比谷線直通列車は1988年8月から日吉駅地下化工事のため一部が菊名折返しとなり、2013年3月の東横線、副都心線直通運転開始時に日比谷線との直通運転は中止された。右に東急バスの車庫が見える。
◎日吉　1971（昭和46）年10月　撮影：山田 亮

東横線を走る7200系急行渋谷行。1969年から7200系は東横線に投入され6両編成で急行にも使用された。先頭はデハ7200形7259で東洋電機製の電機品を装備した50番台である。4両編成（デハ7200－デハ7300－デハ7400－クハ7500）と2両編成（デハ7200－クハ7500）を併結した6両編成。
◎綱島～日吉
1970（昭和45）年1月
撮影：山田 亮

1960年登場のセミステンレス車6000系の試運転。デハ6001-デハ6002の2両。
◎日吉～綱島
1960（昭和35）年3月15日
撮影：荻原二郎

菊名まで延長された営団03系の日比谷線からの乗り入れ列車。03系は新製時から冷房装置を搭載した初めての形式である。
◎綱島
1988（昭和63）年11月7日
撮影：荻原二郎

1926年2月14日に綱島温泉として開設。戦時中の1944年に綱島と改称。地平駅時代は構内を横断する自由通路があった。1963年11月に高架化された。◎綱島　1961（昭和36）年6月14日　撮影：荻原二郎

地上駅時代の東横線日吉における急行7000系と各停5000系の接続風景。1971年時点では急行待避は自由が丘と日吉で行われていた。後方に見える日吉の橋上駅舎は戦前の1936年に完成。1933年完成の国鉄（鉄道省）御茶ノ水駅とともに戦前における橋上駅で当時としては画期的だった。いずれも学生の乗降の多い駅である。
◎日吉
1971（昭和46）年10月
撮影：山田 亮

木造駅舎時代の大倉山駅。1926年2月14日の開業時は太尾と称し1932年に大倉山と改称。梅林で有名な大倉山公園への案内板がある。◎大倉山　1961（昭和36）年6月14日　撮影：荻原二郎

改良工事中の菊名に停車中のデハ3600形3613を先頭にしたデハ3600形、クハ3670形、クハ3770形３Ｍ２Ｔの５両編成。
菊名駅は地形の関係で大雨のたびに浸水し、その対策として横浜線とあわせて地盤のかさ上げが行われ、同時に待避線を設
け２面４線化し、橋上駅舎化する工事が行われ1972年９月に完成した。戦災国電を復旧したデハ3600形は電動機出力が大
きく高速が要求される東横線で重用され、東横線の旧形車は1972年まで運行された。
◎菊名　1970（昭和45）年８月　撮影：山田 亮

国鉄と東急東横線の接続駅菊名の木造駅舎で1926年2月14日に開設され、同年9月1日国鉄（当時は鉄道省）菊名駅が開設。国鉄（当時は鉄道省）が管理し、横浜線との間に中間改札はなかった。地形的に谷底で大雨が降ると線路が冠水し東横線の弱点だった。1969年から線路のかさ上げ工事が始まり1972年7月に完成し駅舎は橋上化され東横線、横浜線とも駅業務は東急が担当した。1994年から中間改札が設置され横浜線部分はJRが担当するようになった。
◎菊名　1961（昭和36）年6月10日　撮影：荻原二郎

デハ7045先頭の急行渋谷行。横浜を発車した東横線上りは高島トンネルを抜け反町から高架線で東白楽に達する。画面右側には県立神奈川工業高校があり校舎に「神工」（カナコウと読む。ジンコウは県立希望ヶ丘高校の通称）と書かれている。現在は神奈川工業高校と並んで画面右奥に県立神奈川総合高校がある。
◎東白楽　1971（昭和46）年4月16日　撮影：荻原二郎

島式ホーム時代の東横線横浜駅改札口。改札左に「京急、相鉄から桜木町行の乗車券、定期券は当社線を利用できないため3番線をご利用ください」とある。◎横浜　1961（昭和36）年4月26日　撮影：荻原二郎

横浜駅東横線ホームは9、10番線で京浜急行、国鉄と通し番号だった。
◎横浜　1961（昭和36）年4月26日　撮影：荻原二郎

横浜における高架線を行く東急5000系と地上駅の相鉄6000系の出会い。相鉄横浜駅は高架化、駅ビル化のため1969年から工事が始まり、1969年5月の連休明けからそれまでの3線が2線になった。横浜で東横線と相鉄が隣接しているため、直通を望む声は当時からあったが、50数年後の2023年3月に新横浜経由で実現した。
◎横浜　1970（昭和45）年1月　撮影：山田 亮

横浜駅西口天理ビルから見た横浜駅付近の国鉄と東急東横線。横須賀線の113系が東海道本線を走っている。手前側東横線の線路で旧東海道を越える鉄橋と築堤が見える。左側に見える寺（三宝寺）付近で高島トンネルに入り高島台を抜け反町にでる。◎横浜　1979（昭和54）年３月　撮影：山田 亮

東横線横浜駅は開通以来高架線上の島式
ホームだったが、1969年から改良工事が
行われ、1970年2月に完成し上り渋谷方
面行きホームが横浜ステーションビル2
階部分に併設され、それまでの島式ホー
ムが下り桜木町方面のホームになった。
ホーム番号は京急、国鉄と通し番号で9、
10番線だった。下り9番線に5000系桜
木町行が到着。
◎横浜
1970（昭和45）年2月
撮影：山田 亮

ホーム改良工事完成直後の東横線横浜駅。それまでの島式ホームが下りホームになった。画面左側ではそれまでの下り線（桜
木町方面）が撤去作業中。それまでの上り線が下り線となった。旧下り線部分は後に撤去され、東海道上り貨物線が空いた
部分に移設され1980年の東海道、横須賀線分離時に横須賀線ホーム新設のスペースを生み出した。画面右側には地上にあっ
た相鉄横浜駅の屋根が見える。◎横浜　1970（昭和45）年2月　撮影：山田 亮

東横線横浜駅の改札口。当時、横浜駅に東西自由通路はなく東急と国鉄、京急、相鉄の改札は完全に分離されておらず、東横線から国鉄、京急、相鉄に乗り換える場合および東口改札へ出る場合は切符を持ったまま改札を通った。
◎横浜　1974（昭和49）年10月　撮影：山田 亮

桜木町駅の国鉄、東急間の連絡通路。東急には中間改札がある。1964年5月の根岸線（桜木町〜磯子間）開通以前は国鉄（京浜東北線）も桜木町が終点だった。1961年時点では横浜〜桜木町間の乗車券で国鉄、東急のどちらにも乗れた。
◎桜木町　1961（昭和36）年4月26日　撮影：荻原二郎

並木橋付近

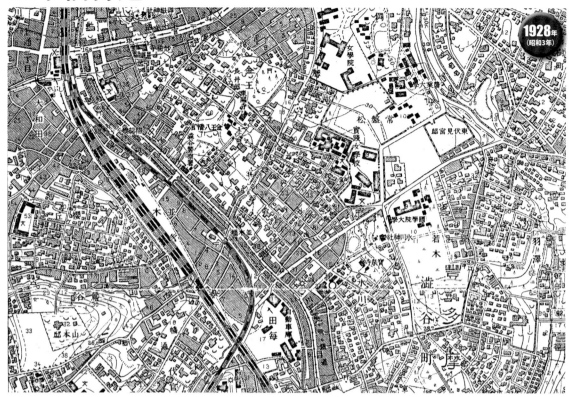

新奥沢線付近

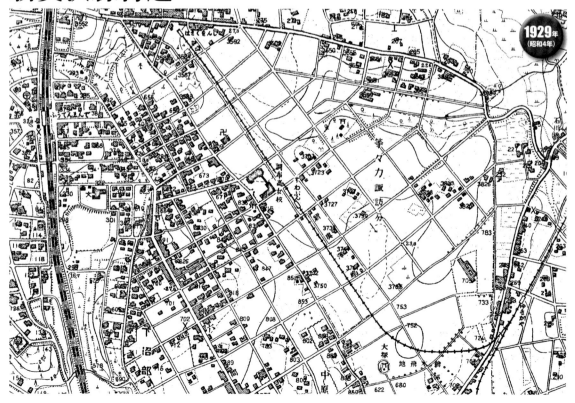

菊名付近

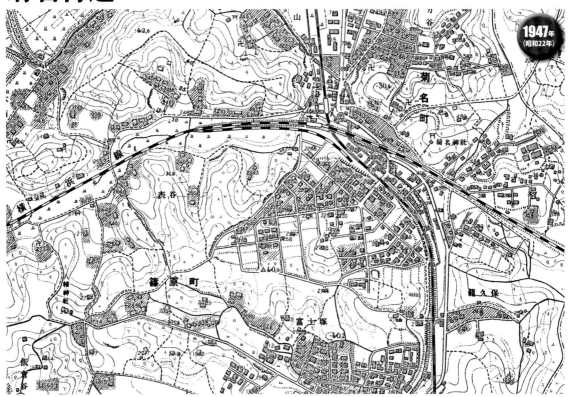

1947年
(昭和22年)

新太田町付近

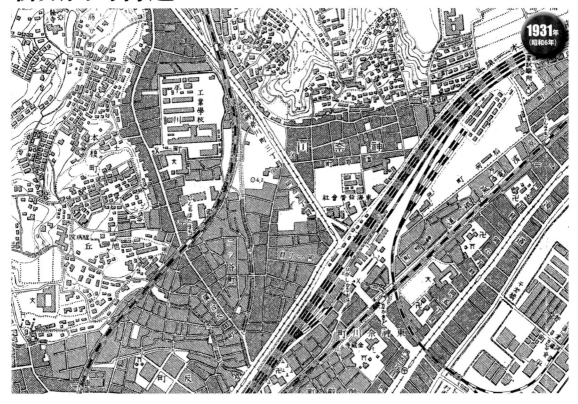

1931年
(昭和6年)

綱島・大倉山付近

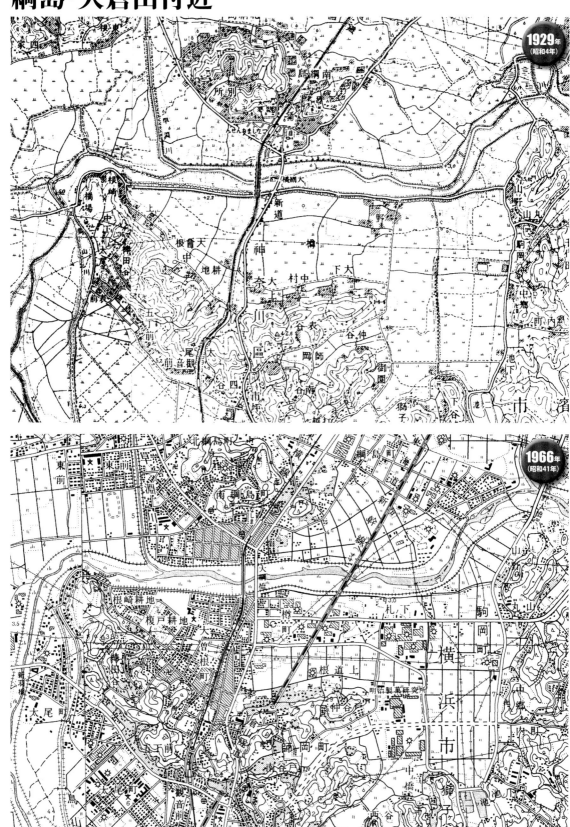

横浜付近

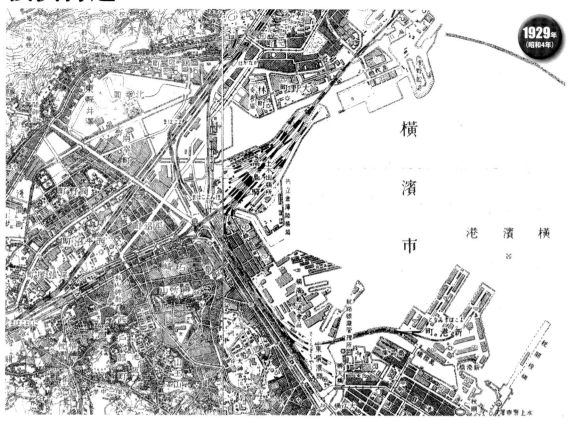

1929年
（昭和4年）

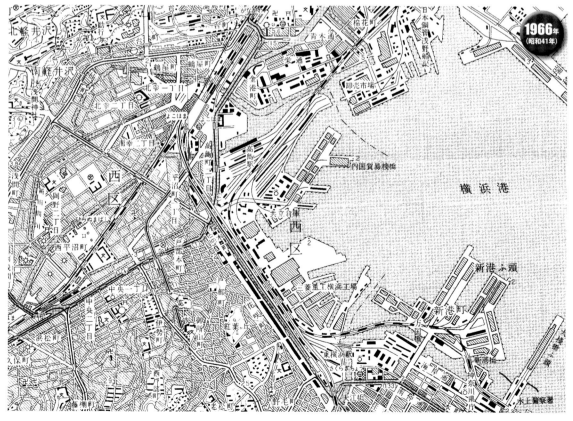

1966年
（昭和41年）

『横浜市史』に登場する東急電鉄（市史より抜粋）

東京横浜電鉄神奈川線の開通

日露戦争終了直後の明治39年11月10日、武蔵電気鉄道株式会社は、電気鉄道の敷設を出願し、同41年5月8日に山県伊三郎逓信大臣から仮免許の下付をうけた。これが、東京横浜電鉄株式会社の源流であったといってよい。その起業目論見書によれば、岡田治衛武らを発起人として、資本金は350万円、架空単線式複線軌道で軌間4フィート6インチ、予定路線として、広尾町天現寺橋を起点に、目黒村字三田・同下目黒・大崎村家桐ケ谷・平塚村字戸越・同村字中延・馬込村・池上村・矢口村をへて、神奈川県橘樹郡御幸村字上平間・日吉村字小倉・同北寺尾・大綱村字菊名・同篠原・子安村字白幡・横浜市青木台町および平沼をへて、東海道線平沼停車場いたる15マイル余の距離が計画されていた。

その後、区間変更をおこなうとともに根津嘉一郎らの東海電鉄敷設出願を競合する結果となったため交渉を重ね、結局合同追加申請をおこない、明治44年1月9日、一応本免許をえた。しかしながら、第一次大戦前後の不況や物価昂騰もあって、ただちに工事着手にはいたらなかった。その後会社首脳部の交替もあり、郷誠之助社長のもと、五島慶太が常務取締役に迎えられたのは大正9年5月26日のことであった。ちょうど鉄道院の鉄道省昇格の時期とかさなるが、湘南電鉄創設にも務めた鉄道次官石丸重美の推薦もあり、五島みずからが監督局総務課長の地位を抛って、現在の東京急行の育ての親になったのである。

これより早く渋沢栄一の唱道で、中野武営・服部金太郎・緒明圭造らが中心となって、田園都市株式会社を創設したのは大正7年9月2日であった。会社の名称そのものが示すように、東京の都市化の進展に対応して、過剰人口を農村にかえし、同時に農村の復興をはかるという目的で、東京の南西部（現在の世田谷・目黒・品川・大田各区域）の開発が推進されることとなった。土地分譲、電気供給、さらには電気鉄道敷設の構想、計画が拡まる中で経営者層の強化が痛感され、関西における箕面有馬電気軌道（現在の阪神急行電鉄）育ての親ともいうべき小林一三、さらに第一生命の創立者であった矢野恒太らの声援のもとに、さきの五島慶太に白羽の矢が立った。

五島は、大正11年9月2日、田園都市株式会社から、付帯事業ともいうべき電鉄事業を分離し、資本金350万円で目黒蒲田電鉄株式会社を創立した。

そして、池上電鉄が蒲田・池上間を開通（同11年10月6日）したのをうけて、目蒲電鉄をして翌12年3月1日には目黒・丸子多摩川間の営業開始を実現させている。関東大震災にめげず、同年11月1日には、丸子多摩川・蒲田間を開通させている。このような事態をふまえて、13年10月25日、従来の武蔵電鉄を資本金500万円に増資し、同時に社名を東京横浜電鉄株式会社と改め、五島自身が専務取締役となって、経営の中枢に座を占めることとなった。

もちろん五島慶太は、「異名」をとったほど、強引な株式買占めによる他社合併を実行したとはいえ、省線東海道本線・横須賀線、鶴見臨港鉄道、京浜電鉄、湘南電鉄などの創立事情やその後の動向を検討したかぎりでは、第一次大戦後、とくに関東大震災後に広く鉄道業の発展上に大きな変化が生れ出たことはたしかである。東京の旧市域内から、ひろく周辺部へ都市化が急速に進むなかで、鉄道業を中心とした陸上輸送の体系にも大きな画期が生れてきたのであって、現在の東京都をめぐる交通体系に通じる基盤が生れてきたといえよう。

ついで、大正15年2月14日には、多摩川園前・神奈川間15キロが開通する。この当時は、渋谷線（渋谷・丸子多摩川間）は工事着手以前だったから「開業当初未タ本線開通ノ一般二周知セラレサリシト余寒尚峭ノ季節ニシテ游覧客ノ出足鈍カリシ……陽春ノ候ニ至リ沿線一帯ノ桃林開花ヲ機トシ『ホーカー化粧品本舗堀越商店』主催ノ下ニ『ホーカーデー』ヲ開催シテ割引乗車券ヲ発売シ又多摩川園游覧、田園野球場行ノ旅客ニ対シ運賃割引ヲ為ス等旅客誘致ニ努メタ」のが実状だったのである。

さらに、昭和2年8月28日には渋谷線（多摩川園前・渋谷）9.1キロが、翌3年5月16日には、神奈川・横浜間が開通して「横浜市ノ中枢ニ乗入レタルト10月15日、新設横浜駅開業ト同時ニ運賃ノ引下及運転速度ノ増加ヲ断行シ、渋谷・横浜間通過旅客ノ誘致」を図ってゆく。他方で、大井町線（大岡山・大井町間4.7キロ）も前年の7月6日に、溝口線（大岡山・二子玉川間5.5キロ）も同7月15日に開通し、翌3年5月5日これまでの田園都市株式会社は、目蒲電鉄に合併されてゆくのである。

そもそも、田園都市株式会社は第一次大戦後、現在の世田谷・目黒・大田・品川各区域にまたが

る約50万坪に近い土地を買占め、さらに昭和2年までに洗足・多摩川台を中心に（東京高工一現在の東京工業大学の敷地9万1千坪も含めて）約32万坪を分譲したといわれる。関東大震災の打撃も軽く、震災後の都市化の進展で好利益をあげえたのであって、目蒲電鉄への吸収合併は、この傾向が限界に達したことを意味していた。

　もともと、五島慶太の経営方針のためか、東横・目蒲両電鉄は鉄道運輸とバス運輸にくわえて、不動産・百貨店・水上クラブ・浴場経営などを行ない、他の私鉄企業にみられない特徴を示している。

　大正15年下半期には、目黒蒲田電鉄との共同経営で、（現在の田園）調布村共同游園地1,794坪を経営し、元住吉・綱島・菊名・太尾にそれぞれ住宅地工事を始めている。

　昭和2年に移ると、「綱島住宅ハ三月上旬、其ノ第一期約二千四百坪ノ区割整理並道路下水工事ヲ完了スルト共ニ之カ売出ヲ発表シタルニ財界不況ノ際ニモ拘ハラス成績好況……同所ハ四月一日ヨリ大横浜市ニ編入サレ将来殷賑ノ地タラントシ加フルニ四月中旬開場セル当社直営綱島ラヂウム温泉浴場ト共ニ沿線開発ニ資スル所大ナル」と記され、重要貨物たる「新丸子発送ノ砂利」は、大井町線・渋谷線建設用にくわえて、神奈川県庁、横浜市役所納にも使用され、本線が横浜まで延長、開通するや、東京・横浜間の直通客は、従来の約5割増を示したといわれている。綱島ラヂウム温泉経営とならんで、昭和2年12月25日から、渋谷駅階上に東横食堂を直営し、1日平均275人、1日平均売上高124円余の成績をあげている。昭和4年下半期には、目蒲電鉄との共同経営地たる日吉台に慶応義塾大学移転の仮契約を結び、目黒駅構内に第二東横食堂を設置して9月21日から営業を開始した。そして昭和恐慌期を迎えても、「沿線住宅地ノ発展ニ伴フ定住旅客ノ増加…柿ノ木坂駅付近ニ東京府立高等学校（現在の東京都立大学）ノ移転決定」などがあり、客車収入の成績は増加を保ちつづけたのである。

　この間、桜木町延長工事もすゝみ、昭和6年1月20日には、旧来の東横浜駅を国道前まで移転して、高島町駅と改称した。桜木町駅への開通は翌昭和7年3月31日であった。なお、京浜電鉄における「高輪ビル」と同じく、渋谷駅の改良と百貨店新築工事が開始されたのは、昭和8年3月のことであった。

　最初に、不動産業・食堂経営・浴場経営と多角的・多面的な収入をあげていた東京横浜電鉄の損益の増加を他と比較しておく。地方鉄道・軌道は平均

値的要素がつよいためか、ほぼ同じ傾向を示しているが、東横・京浜両電鉄はまったく相反した傾向を示している。東京横浜電鉄の場合は、営業収入が昭和5年には、基準年たる昭和2年の約3倍にも達している。営業費の増加も高いが、収入がはるかにそれを上廻っている。益金も昭和4年の1.5倍をピークに、昭和恐慌期にもそれほどおちこんでいない。これに対し京浜電鉄は、昭和3年以降、基準を下廻って低迷を続けている点が注目される。

目蒲線

1923年3月11日、目黒蒲田電鉄目黒
〜丸子（現・沼部）間開通時に開設。
国鉄（当時は省線と呼ばれた）山手線
と接続するターミナル駅だった。駅
舎は1953年に鉄筋コンクリート2
階建となる。ホームは開通時の面影
を残していたが、1997年7月に地下
ホームに移転。2000年9月26日に目
黒線と営団地下鉄南北線、都営地下鉄
三田線との直通運転が開始された。
◎目黒
1961（昭和36）年12月9日
撮影：荻原二郎

大岡山を発車するデハ3550形3551先
頭の目蒲線蒲田行。大岡山は目蒲線、大
井町線の接続駅でホームは2面4線だが
線路別で乗り換えは地下道を経由した。
1923年3月11日、目黒蒲田電鉄目黒〜
丸子（現・沼部）間開通時に開設。1924
年4月、目黒蒲田電鉄が土地を寄付して
駅南側に東京工業大学（当時は東京高等
工業学校）が移転した。1997年6月に地
下化され、目蒲線、大井町線は対面乗り
換えになった。
◎大岡山
1961（昭和36）年10月5日
撮影：荻原二郎

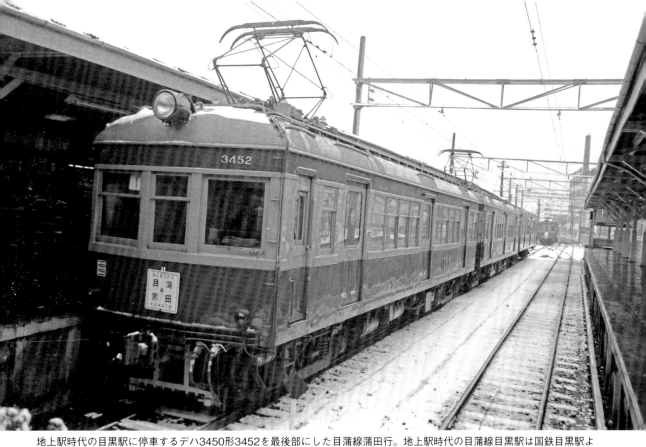

地上駅時代の目黒駅に停車するデハ3450形3452を最後部にした目蒲線蒲田行。地上駅時代の目蒲線目黒駅は国鉄目黒駅より一段高い位置にあり、目黒発車後しばらく山手線と平行した。2月の淡雪が春近しを思わせる。写真後方右側に杉野女子大学（現・杉野服飾大学）が見える。◎目黒　1964（昭和39）年4月25日　撮影：荻原二郎

1923年３月11日に目黒蒲田電鉄によって開設された目蒲線目黒駅。山手線とは一段高い位置にあった。3500系車体更新車
（坊主頭スタイル）の３両編成。1980年代まで開通時の面影が残っていた。
◎目黒　1985（昭和60）年２月23日　撮影：荻原俊夫

目蒲線に投入された7200系３両編成。目蒲線、池上線は1989年４月から7200系、7700系で新性能化、冷房化された。
◎目黒　1985（昭和60）年２月23日　撮影：荻原俊夫

大岡山駅南側の地下改札入口。自由が丘、田園調布方の踏切にあった。大岡山は目蒲線、大井町線の乗換駅で線路別のため地下道で連絡した。地下に改札口もあり地下自由通路が併設された。
◎大岡山
1961（昭和36）年10月5日
撮影：荻原二郎

大岡山駅北側の地下改札入口。駅の両側に東京工業大学の敷地が広がっていた。
◎大岡山
1961（昭和36）年10月5日
撮影：荻原二郎

1949年に国鉄から木造荷物電車（旧モニ13形13012）を譲り受け荷電としたデワ3040形3041。木造国電（省線電車）の形態で東急各線を走り、ファンの間でも人気があった。1964年に元小田急のデハ1350形1366の車体を転用し鋼製車体に載せ替えた。
◎大岡山
1964（昭和39）年2月1日
撮影：荻原二郎

クハ7500形7560を先頭にした7200系3両編成の目蒲線蒲田行。この編成は1972年に目蒲線に投入された冷房車でクハ7560－デハ7452－デハ7260の編成である。画面右に奥沢電車区の建物、写真左に奥沢検車区が見える。当時の国鉄と異なり電車区は運転士が所属する部署で、検車区が車両の検修を担当した。
◎奥沢　1972（昭和47）年5月16日　撮影：荻原俊夫

クハ3850形3854先頭の目蒲線蒲田行。クハ3850形はデハ3800形とともに1952〜53年に製造された17m車。環状8号線の踏切から緩やかな勾配を下る。線路沿いの桜は満開である。
◎田園調布　1956（昭和31）年4月15日　撮影：荻原二郎

104

蒲田駅到着のクハを先頭にした目蒲線旧形車３両編成。先頭のクハ3750形3754は戦後の1948年に運輸省規格型車両として製造され、1963年に車体が更新された。同型の電動車がデハ3700形である。東急蒲田駅は1945年の空襲で被害を受け、戦後は応急復旧のままだったが1968年に高架化され現在のターミナル駅になった。東横線渋谷が地下化された今では東急で最もターミナルらしい駅である。◎蒲田　1968（昭和43）年11月19日　撮影：荻原俊夫

戦災から応急復旧された蒲田駅（国鉄側改札）改札内に「特急にっぽん」（1961東宝、監督川島雄三）の映画ポスターが見える。
特急こだま食堂車が舞台でコックとウエイトレスの喜劇。◎蒲田　1961（昭和36）年4月7日　撮影：荻原二郎

車体更新されたデハ3550形3553先頭の目蒲線目黒行。2両目は元小田急のデハ1350形1366で3ドア化されている。画面左側に池上線が見える。東急蒲田駅は1945年の戦災（空襲）から応急復旧したままの姿だったが、周辺の区画整理にあわせ1968年に新駅舎が完成した。
◎蒲田～矢口渡
1960（昭和35）年1月13日
撮影：荻原二郎

蒲田駅に到着する目蒲線旧形車3両編成。先頭のデハ3500形3514は1939年に登場したモハ1000形1014で窓が大きく近代的スタイルで、同じ系列だった東京高速鉄道（現・東京メトロ銀座線の一部）100形と似ていた。登場時は両運転台だったが戦後に片運転台化、1972年に車体が更新された。◎蒲田　1968（昭和43）年11月12日　撮影：荻原俊夫

蒲田付近

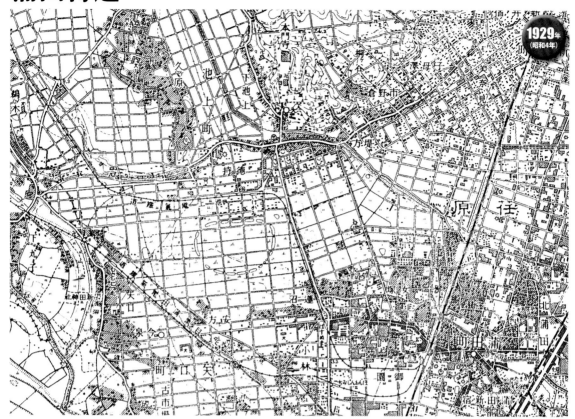

1929年
(昭和4年)

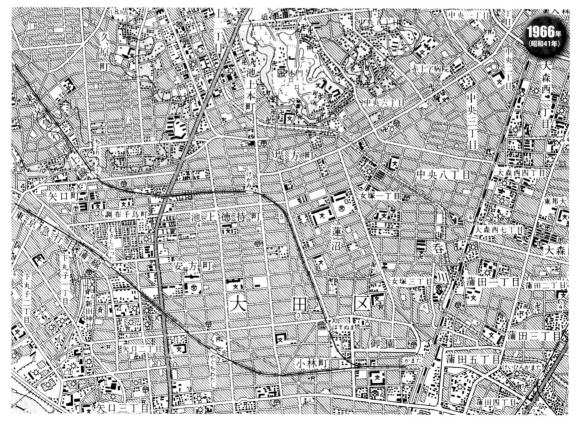

1966年
(昭和41年)

武蔵小杉付近

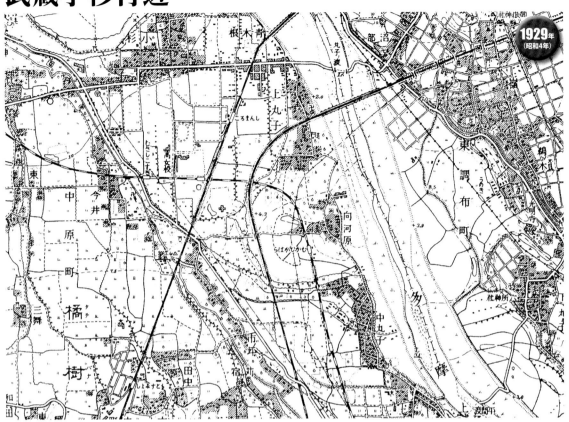

1929年
（昭和4年）

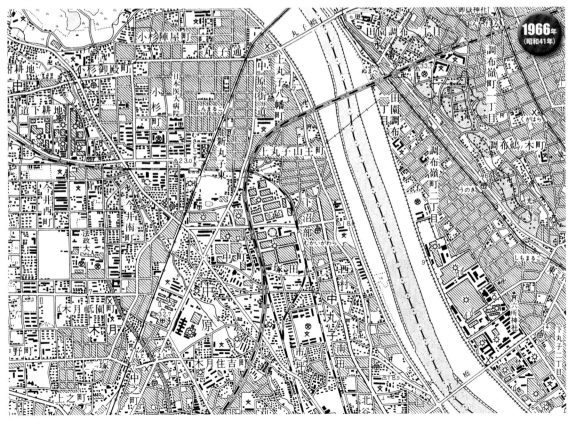

1966年
（昭和41年）

池上線

1928年6月に大崎広小路～五反田間が開通し当時の池上電気鉄道が全線開通し、高架の五反田駅が開設された。現在でも改修されているが当時の面影を残す。高架線上にデハ3150、3200形先頭の池上線電車が到着している。下の山手貨物線を貨物列車が通過中。◎五反田　1966（昭和41）年12月2日　撮影：荻原二郎

高架線上の五反田駅に到着した池上線電車から多くの乗客が下車。デハ3200形3209が到着している。デハ3200形は旧目黒蒲田電鉄のモハ300形。デハ3150形（旧目蒲モハ200形）とともに1927年に川崎造船所（後の川崎車輛、現在の川崎重工）で製造された「川崎車輛標準型電車」である。改札横に東急自動車学校の看板がある。
◎五反田　1966（昭和41）年12月2日　撮影：荻原二郎

池上線五反田駅は1928年6月17日、池上電気
鉄道により開設。地上4階の高さにホームが
あった。
◎五反田
1966（昭和41）年12月2日
撮影：荻原二郎

クハ1553先頭の池上線電車が高架の五反
田駅に到着。後ろの2両はデハ3450形。
先頭のクハ1550形1553は1938年登場の
旧帝都電鉄クハ251形253で「大東急」時
代に東横線に転入。1963年に車体更新さ
れサハ3360形3366となる。画面左後方に
立正大学が見える。
◎五反田
1962（昭和37）年4月28日
撮影：荻原二郎

デハ3200形3204先頭の池上線蒲田行。画面後方の高架線が五反田方面へ延びている。デハ3200形は目黒蒲田電鉄のモハ300形。デハ3150形（目黒蒲田電鉄モハ200形）とともに1927年に川崎造船所（後の川崎車輌、現、川崎重工）で製造された「川崎車輌標準型電車」である。両端がデハ3200形で中間車はサハ3100形。
◎大崎広小路　1961（昭和36）年11月29日　撮影：荻原二郎

長原駅は1927年8月27日開設。デハ3300形3310の蒲田行が停車中で五反田方面へは構内踏切を渡った。1965年に環状7号線との立体交差工事に着手し、1968年6月に地下ホームとなった。
◎長原　1961（昭和36）年4月21日　撮影：荻原二郎

1927年8月28日に石川として開設。1928年に石川台と改称。相対式ホームで構内踏切があったが、現在では上下線それぞれに改札口がある。写真の駅舎は蒲田方面の駅舎で現在でも使用され、昭和のムードが漂う。
◎石川台 1961 (昭和36) 年4月21日 撮影：荻原二郎

登場時の形態を残すデハ3450形とサハ3350形の3両編成で手前側 (最後部) からデハ3475－サハ3352－デハ3474。黄色と濃青の塗分けで側面に行先表示板 (横サボ) が取り付けられている。写真右側 (五反田方) に石川台の駅舎と構内踏切がある。
◎石川台 1954 (昭和29) 年12月24日 撮影：荻原二郎

1923年5月4日、池上電気鉄道池上〜雪ヶ谷間開業時に現在地の五反田寄りに開設。1933年6月1日、雪ヶ谷と調布大塚を統合して現在地に移転、1943年に雪ヶ谷大塚と改称され、1966年1月20日、雪が谷大塚と変更。車庫（雪が谷検車区）もある池上線の重要拠点。上下線間に駅舎と島式ホームがあったが、1988年に駅ビルとなった。
◎雪が谷大塚　1961（昭和36）年4月21日　撮影：荻原二郎

相対式ホームの池上線千鳥町に到着したデハ3300形3307先頭の五反田行。1926年8月6日、慶大グランド前として開設。慶応の日吉移転で1936年に千鳥町と改称。以前は池上線唯一の跨線橋があったが、現在では上下線それぞれに改札口がある。
◎千鳥町　1961（昭和36）年4月13日　撮影：荻原二郎

1922年10月６日、池上電気鉄道蒲田〜
池上間開通時に開設。池上本門寺に近く、
初詣と10月の「お会式」（おえしき）の混
雑に備え、駅構内と駅前が広い。
◎池上
1961（昭和36）年４月９日
撮影：荻原二郎

1922年10月６日、池上電気鉄道によっ
て開設。２面２線の相対式ホームで構内
踏切があった。蒲田駅に近く池上線では
最も利用者が少ない。
◎蓮沼
1961（昭和36）年４月９日
撮影：荻原二郎

大井町線、田園都市線

1927年7月6日開設。大井町線のターミナル駅。写真奥（向かって右側）に国鉄の改札口がある。
◎大井町　1961（昭和36）年3月9日　撮影：荻原二郎

大井町線と池上線が交差する旗の台駅。目黒蒲田電鉄と池上電気鉄道はライバル関係にあり、交差地点に駅はなかった。
1934年10月に池上電気鉄道は目黒蒲田電鉄に合併されたが、交差地点に旗の台駅が開設されたのは1951年で同年5月から
両線が連絡した。地平が池上線、高架が大井町線である。◎旗の台　1961（昭和36）年9月7日　撮影：荻原二郎

クハ3770形3775先頭の大井町線溝ノ口行。この地点で池上線（池上電気鉄道）と大井町線（目黒蒲田電鉄）が交差していたが別会社のため駅がなかった。戦後の1951年3月に大井町線東洗足を、5月に池上線旗ヶ岡をそれぞれ現在地に移設し、同年5月1日から乗換駅となった。◎旗の台　1963（昭和38）年6月9日　撮影：荻原二郎

クハ3660形3662を先頭にした大井町行。大井町線（大井町〜溝ノ口間）は1963年10月に田園都市線と改称。クハ3662は焼失した車両の復旧のために新製された車体と戦災木造国電の台車を組み合わせ1947年に登場。旗の台は1951年5月から大井町線、池上線の乗換駅となる。◎旗の台　1964（昭和39）年6月23日　撮影：荻原二郎

1938年製造の帝都電鉄（現・京王井の頭線）クハ251形253が大東急時代に東急に転入しクハ1550形1553となった。窓ガラスが整備されている「復興整備車」だがドアや戸袋部は板張りである。2両目は旧小田急のデハ1350形1366。当時の東急の車両は側面にTKKと大書きされたが「とても混んで殺される」の意味かと乗客から皮肉られた。
◎自由ヶ丘（現・自由が丘）　1949（昭和24）年8月21日　撮影：荻原二郎

大井町線九品仏を発車するデハ3500形3519。デハ3500形は1939年登場で窓が大きく近代的スタイルで帝都電鉄（現・京王井の頭線）モハ100形、小田急1600形、東京高速鉄道（現・東京メトロ銀座線）100形などと似ている。九品仏は上下線間に駅舎があり島式ホームの端に駅舎がある。1929年11月1日開設。
◎九品仏　1961（昭和36）年10月14日　撮影：荻原二郎

踏切を渡った上下線間、島式ホームの入り口に駅舎があった尾山台駅。1930年4月1日開設。この形の駅施設は改札口が1ヶ所で済むため合理的で帝都電鉄（現・京王井の頭線）でも採用された。武蔵工業大学の大きな看板がある。
◎尾山台　1961（昭和36）年10月14日　撮影：荻原二郎

1929年12月25日、目黒蒲田電鉄大井町線大岡山〜自由ヶ丘間開通時に中丸山として開設。1933年に緑ヶ丘と改称。大井町線が目蒲線を立体交差で乗り越す地点にあり当初から高架駅だった。1966年1月20日、緑が丘と変更された。同時に溝ノ口、鵜ノ木、自由ヶ丘、久ヶ原、雪ヶ谷大塚がそれぞれ溝の口、鵜の木、自由が丘、久が原、雪が谷大塚と変更された。
◎緑ヶ丘　1961（昭和36）年10月8日　撮影：荻原二郎

1960年登場のセミステンレス車6000系
4両編成の二子玉川園行。(先頭はデハ
6202) 6000系は全電動車方式、MMユ
ニット方式で、デハ6001～は電気品が
東洋電機製、100kwモーター、平行カル
ダン駆動。デハ6201～は電気品が東芝
製、85kwモーター、直角カルダン駆動で
ある。
◎尾山台
1964 (昭和39) 年4月4日
撮影：荻原二郎

1929年11月1日、目黒蒲田電鉄二子玉
川線自由ヶ丘～二子玉川間開通時に開
設。ホームは掘割の中にあり、地上に駅
舎が設置された。現在では駅の上部を環
状8号線が通過している。近くには五島
美術館がある。
◎上野毛
1961 (昭和36) 年10月14日
撮影：荻原二郎

大井町線二子玉川園駅は1929年11月1日、二子玉川として開設。1940年12月に二子読売園と改称。1944年にふたたび二
子玉川となる。1954年8月、二子玉川園と改称。1966年4月1日、高架化され多摩川方向へ移転。1985年に遊園地二子玉
川園が閉園し、2000年8月6日、二子玉川となる。◎二子玉川園　1961（昭和36）年11月5日　撮影：荻原二郎

二子玉川園を発車するデハ3500形3510
先頭の溝ノ口行。大井町線は単線になり
二子橋を渡る。大井町線と玉川線のホー
ムは隣接し、左に玉川線駅舎がある。大
井町線二子玉川園は1966年4月に高架
化され、駅舎も多摩川寄りへ移転した。
◎二子玉川園
1961（昭和36）年11月5日
撮影：荻原二郎

多摩川にかかる二子橋の併用軌（単線）を低速で走るデハ3500形3513先頭の大井町行。道路鉄道併用橋は高速電車では二子橋と名鉄（名古屋鉄道）犬山線木曽川鉄橋だけだった。1966年3月に写真左に鉄道専用橋が完成した。
◎二子新地前〜二子玉川園　1962（昭和37）年4月22日　撮影：荻原二郎

デハ3450形3471先頭の田園都市線大井町発梶が谷行。二子玉川園～溝の口間高架化は多摩川を渡る二子橋の建設工事（それまでの道路併用橋から鉄道専用橋に切り替える）と同時に行われ1966年3月に完成した。
◎二子新地前　1967（昭和42）年7月24日　撮影：荻原二郎

デハ3650形3654溝ノ口行。写真左側に
二子新地前のホームが見える。
◎二子新地前～高津
1962（昭和37）年4月22日
撮影：荻原二郎

デハ3500形3502先頭の溝ノ口行。中間にサハ3100形（デハ3100形をサハ化）を挟んでいる。現在この区間は複々線で、東武鉄道や東京メトロの車両も走る。◎二子新地前～高津　1962（昭和37）年4月22日　撮影：荻原二郎

二子玉川・溝の口付近

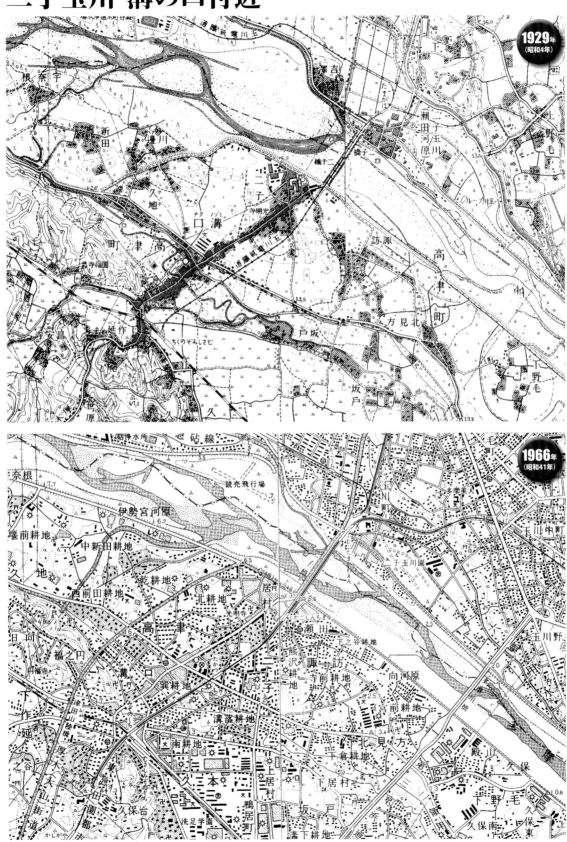

たまプラーザ付近

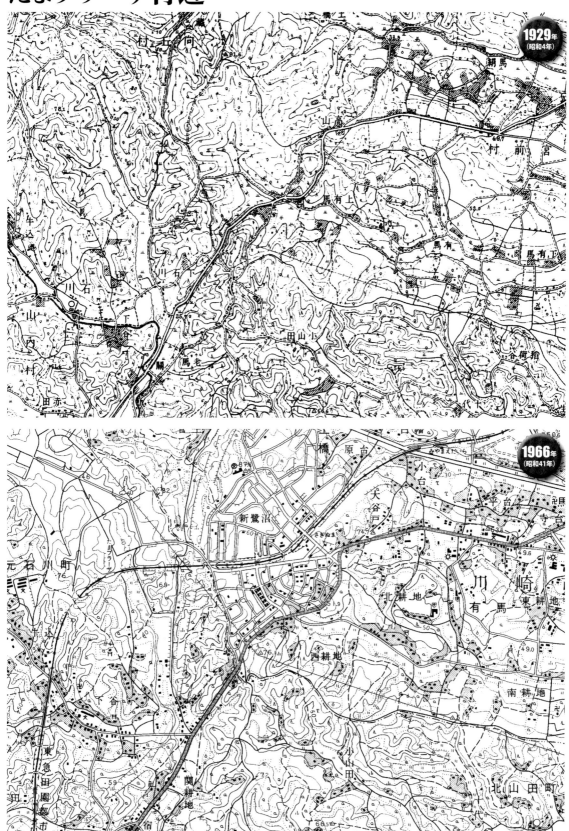

国鉄武蔵溝ノ口駅改札との間には戦後ヤミ市から形成された商店街があり賑わっていた。
◎溝ノ口　1961（昭和36）年11月5日　撮影：荻原二郎

1927年7月15日、玉川電気鉄道により溝ノ口として開設。1943年7月、1372mmから1067mmに改軌され大井町線となる。
国鉄南武線とは直角に交わっていた。◎溝ノ口　1964（昭和39）年6月27日　撮影：荻原二郎

高架工事中の溝ノ口駅、高架化は1966年に完成した。溝の口周辺は大山街道の宿場町として古くから栄えていた。
◎溝ノ口　1964（昭和39）年10月11日　撮影：荻原二郎

小雨降る梶が谷に到着するデハ3450形3462先頭の各停長津田行。デハ3462は元モハ510形524で1934年に登場し、1966
年に車体が更新され窓が大型化された。この編成はすべてが車体更新され塗色はグリーン一色である。
◎梶が谷　1975（昭和50）年11月　撮影：山田 亮

梶が谷を発車する7200系4両編成のすずかけ台行。手前側の2両はデハ7200形7251-クハ7500形7551でデハ7205-ク
ハ7505から改番された。これは電機部品が東洋電機製の車両を50番台に改番したためである。日立製作所製は0番台で改
番されなかった。車体はいずれも東急車輛（現・総合車両製作所）製である。
◎梶が谷　1975（昭和50）年11月　撮影：山田 亮

営団地下鉄8000系の中央林間行。8000系は半蔵門線用として営団6000系・7000系を基本に設計された。田園都市線は地下鉄半蔵門線を介して東武伊勢崎線の久喜、日光線の南栗橋まで乗り入れる。
◎宮前平　1990（平成2）年6月30日　撮影：荻原二郎

8000系（最後部はクハ8043）4両編成の田園都市線電車。1969年登場の8000系は当初東横線に5両編成で投入され、1974年から田園都市線に4両編成で投入された。4両編成のうちパンタグラフ付の電動車デハ8100形は離線の影響を避けることや集電容量の不足を補うためパンタグラフが2基搭載された。下り電車だが行先表示が大井町になっており、折り返し電車と思われる。田園都市線の8000系は1976年から5両編成となった。
◎梶が谷
1975（昭和50）年11月
撮影：山田 亮

1973年秋の鷺沼駅。1966年4月の開設
時とさほど変わっていない。自動券売機
が並び、有人出札口は1ヶ所だけである。
◎鷺沼
1973（昭和48）年11月
撮影：山田 亮

田園都市線の5000系4両編成。先頭はデハ5000形5001で前面行先表示が巻取り式になり、前面の印象が変わった。1970
年4月から田園都市線に5000系が4両編成で投入され、1976年から5両編成化された。新玉川線との直通運転（1979年8
月）以前の田園都市線は5000、5200、6000、6200、7200、8000、8500および旧型車（デハ3450など）が走っていた。
◎鷺沼検車区　1973（昭和48）年11月　撮影：山田 亮

デハ3700形3701先頭の旧形車3両編成。デハ3700形、クハ3750形は1948年に登場した運輸省規格型車両。デハ3700形は1961〜63年に車体が更新され窓の大型化などが行われた。1970年代半ばからドアの窓が小さくなったが、外が見えにくいと子供連れの乗客から不評だった。◎鷺沼検車区　1975（昭和50）年2月27日　撮影：荻原俊夫

田園都市線開通日のたまプラーザ駅。当時、カタカナの入った駅名は珍しく注目された。
◎たまプラーザ　1966（昭和41）年4月1日　撮影：荻原俊夫

1966年4月1日、田園都市線二子玉川園（2000年8月6日、二子玉川と改称）〜長津田間が開通し、記念の飾り付けをした
記念列車が運転されたが、行先表示が長津田で一般営業列車だった。開設時のたまプラーザは「広場」の意味でユニークな
駅名で注目された。後年のJR山手線高輪ゲートウェイ（2020年3月開設）を先取りした横文字の入った駅名でもある。
◎たまプラーザ　1966（昭和41）年4月1日　撮影：荻原俊夫

たまプラーザと江田の間に1977年5月25日開設。1993年3月18日、横浜市営地下鉄（ブルーライン）が開通し接続駅となった。◎あざみ野　1977（昭和52）年7月2日　撮影：荻原俊夫

長津田での7200系つくし野行と国鉄横浜線の磯子行。当時、横浜線は小机以北が単線でデイタイム25分間隔（毎時2本程度）だった。
◎長津田
1969（昭和44）年5月5日
撮影：荻原二郎

登場時の面影を残すデハ3450形3464を先頭にした田園都市線長津田行。1966年4月の田園都市線溝の口～長津田間開業時には7000系とともにデハ3450形、デハ3500形などの旧形車も運行された。写真後方（藤が丘方）国道246号と立体交差している。◎青葉台　1966（昭和41）年4月10日　撮影：荻原二郎

長津田駅は橋上駅となったが改札は国鉄と分離されていた。◎長津田　1966（昭和41）年4月1日　撮影：荻原二郎

田園都市線に投入された5000系デハ5052先頭の5両編成。1970年4月ダイヤ化改正時に東横線急行の8両編成化に伴い、7000系が田園都市線から東横線に転属し、その代替に5000系の一部が田園都市線に転属し5両編成で運行された。
◎長津田検車区
1981（昭和56）年3月2日
撮影：荻原俊夫

こどもの国線専用塗装のデハ3600形3608－クハ3770形3772の2両編成。1975年にこどもの国線専用車はそれまでのデハ3400形3405－クハ3660形3662から置き換えられた。◎長津田検車区　1975（昭和50）年　撮影：荻原俊夫

池上線用として3両編成になった7600系。7600系は7200系をVVVFインバーター制御とした車両で、写真のデハ7650形7653はクハ7500形7559を1986年にVVVFインバーター制御としてパンタグラフ2台とし、1990年にパンタグラフは1台になった。◎長津田検車区　1986（昭和61）年4月6日　撮影：荻原俊夫

6000系 4 両のすずかけ台行。6000系も
田園都市線で運行された。長津田〜つく
し野間は1968年 4 月 1 日、つくし野〜す
ずかけ台間が1972年 4 月 1 日、すずか
け台〜つきみ野間が1976年10月15日と
小刻みに開通し、中央林間までの開通は
1984年 4 月 9 日である。
◎長津田〜つくし野
1973（昭和48）年 5 月
撮影：山田 亮

田園都市線の延長区間を行く7200系4
両のすずかけ台行。この先、横浜線と平
行して長津田検車区が1979年7月に開
設され、田園都市線、新玉川線の車両を
収容した。
◎長津田〜つくし野
1973（昭和48）年5月
撮影：山田 亮

7000系をVVVFインバーター制御、冷房化、MT半々とした7700系の試運転。先頭はデハ7700形7701。後方につくし野駅が見える。◎つくし野〜すずかけ台　1987（昭和62）年7月18日　撮影：荻原俊夫

1968年4月1日、長津田〜つくし野間延長時に開設。ここから南町田（現・南町田グランベリーパーク）までは東京都町田市である。写真左側のモニュメントは広場中央に開業時設置された。
◎つくし野　1968（昭和43）年4月　撮影：山田虎雄

1976年10月15日開設。駅自体は大和市にあり、1984年まで8年間にわたり終着駅だった。中央林間まで1.2km、徒歩20分くらいで通勤通学で歩く人もいた。
◎つきみ野
1976（昭和51）年10月
撮影：山田虎雄

中央林間の東急、小田急連絡通路。東急は地下ホームだが小田急は地上駅である。
◎中央林間
1984（昭和59）年4月21日
撮影：荻原二郎

1984年4月9日に開設され、田園都市線は全通した。2階建ての駅ビルと駅前のロータリーがあるゆとりのあるたたずまい。
◎中央林間　1984（昭和59）年4月21日　撮影：荻原二郎

こどもの国線

1967年4月に開通したこどもの国線では休日および団体輸送時には田園都市線からの直通臨時電車が運転された。写真は学校団体輸送（遠足）のために大井町から運転された6000系（先頭はデハ6004）の臨時電車。
◎こどもの国　1968（昭和43）年5月　撮影：山田 亮

こどもの国線専用塗装になったデハ3400形3405とクハ3660形3662（のちに鷺沼車庫での連絡解放の便を図るため、上り向きのクハ3600形3662に連結相手を変更した）の2両編成。こどもの国線は2000年から通勤線化され、横浜高速鉄道が第三種鉄道事業者として施設、車両を保有し、東急が第二種鉄道事業者として運営を受託している。
◎こどもの国
1968（昭和43）年5月
撮影：山田 亮

1965年5月5日、旧日本軍の田奈弾薬庫跡地に開設されたこどもの国は道路事情が悪く長津田、鶴川（小田急）からのバス輸送は休日には渋滞、乗り残しが発生していた。そこで長津田から田奈弾薬庫への専用線を復活し、こどもの国線として1967年4月28日に開通した。遊園地の入り口らしい「かわいい」駅舎だった。
◎こどもの国　1968（昭和43）年5月　撮影：山田 亮

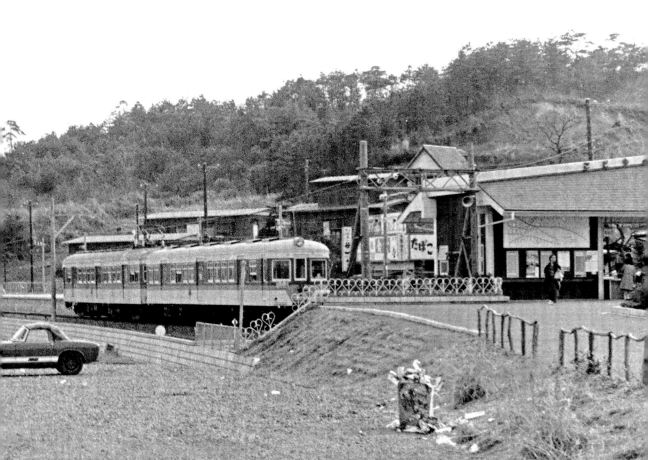

軌道線 ※砧線を含む

東急百貨店東横店（旧東横百貨店）西館2階にあった玉川線渋谷駅。玉電ホーム跡は1970年から東名急行バス（渋谷〜名古屋間）の折り返し場となりバス用ターンテーブルが設置された。
◎渋谷　1969（昭和44）年5月　撮影：山田 亮

地下鉄銀座線と京王井の頭線に挟まれた谷間のような玉川線渋谷駅。左は降車ホーム、右が乗車ホーム。デハ70形76が停車中。◎渋谷　1961（昭和36）年12月13日　撮影：荻原二郎

地下鉄銀座線と京王井の頭線の「谷間」にあった玉川線渋谷駅のホーム。「ペコちゃん」の愛称がある流線形デハ200形の下高井戸行きが左の乗車ホームから発車。画面右側には降車ホームではデハ80形84が乗客を降ろしている。その後、転線して反対側の乗車ホームから乗客を乗せて発車した。◎渋谷　1969（昭和44）年5月　撮影：山田 亮

高速道路建設前の広々とした国道246号（大山街道）を行く流線形デハ200形205渋谷行。後方にデハ80形が見える。廃止まじかで多くの乗客が前を眺めている。◎玉電池尻　1969（昭和44）年5月　撮影：山田 亮

玉川線木造車デハ1形5。大正時代に製造された木造車。1953年に鋼体化されデハ80形101となった。
◎大橋　1953（昭和28）年4月4日　撮影：荻原二郎

デト3030形3031。大東急時代に京浜線（旧・京浜電気鉄道）から転入した半鋼製有蓋貨車。1951年に無蓋車に改造され運転室付きとなった。写真は1954年3月の二子玉川園開園を記念した花電車。遊園地の二子玉川園は1985年に閉園となり、現在は二子玉川ライズになっている。◎大橋　1954（昭和29）年3月27日　撮影：荻原二郎

玉電瀬田から二子玉川園への専用軌道を下る流線形デハ200形206。玉川線は三軒茶屋付近、用賀付近、瀬田〜二子玉川園間に専用軌道があり郊外電車の雰囲気があった。◎玉電瀬田〜二子玉川園　1969（昭和44）年5月　撮影：山田　亮

玉電瀬田から二子玉川園への下り坂を下る運行最終日のデハ80形96。このデハ96も1953年に木造車を鋼体化した車両。この区間の線路敷は新玉川線（現・田園都市線）に転用され、坂の途中に地下線入り口がある。
◎玉電瀬田〜二子玉川園　1969（昭和44）年5月10日　撮影：荻原俊夫

二子玉川園の玉川線ホーム。右が渋谷方面5番線でデハ70形77が停車。左が砧本村方面6番線でデハ60形63が停車。画面
右方向に高架化された田園都市線二子玉川園駅があり、新玉川線の高架の一部が完成している。
◎二子玉川園　1969（昭和44）年5月　撮影：山田　亮

雪晴れの二子玉川園に到着する玉川線デハ80形91。前面に渋谷ー二子玉川園の表示がある。このデハ91は1952年に木造車を鋼体化した車両。◎二子玉川園　1969（昭和44）年３月５日　撮影：荻原俊夫

「60年間のご利用ありがとうございました」と玉電（玉川線、砧線）の廃止を伝える東急のポスター。1969年５月10日（土曜）限りで廃止された。◎渋谷　1969（昭和44）年５月　撮影：山田 亮

玉川線、砧線最終運行日のデハ60形63。最終日のためお別れ乗車の乗客で混雑している。砧線は法規上は鉄道（地方鉄道法準拠）で軌道（軌道法準拠）の玉川線とは異なっていた。◎中耕地〜吉沢　1969（昭和44）年５月10日　撮影：荻原俊夫

砧（きぬた）線吉沢に到着するデハ60形62。デハ60形は木造車を1939年に鋼体化した。砧線二子玉川園〜砧間2.2kmは1924年３月に開通したが単線だった。◎吉沢　1968（昭和43）年11月22日　撮影：荻原俊夫

現在の世田谷線区間を走る玉川線デハ60形65。運転台下に停車中通過時速8キロ以下（電車停車中に追い越す時は時速8キロ以下）との表示があり、英文でも表示がある。デハ60形は木造車を1939年に鋼体化した車両。
◎宮ノ坂（現・宮の坂）　1951（昭和26）年9月23日　撮影：荻原二郎

1964年に玉川線に登場したデハ150形152先頭の2両編成。デハ150形はパンタグラフ付鋼製車体で側面のコルゲーションが入っている。玉川線廃止後は2001年まで世田谷線で運行された。
◎宮ノ坂（現・宮の坂）　1964（昭和39）年7月6日　撮影：荻原二郎